明日の小学校英語教育を拓く

松川禮子

アプリコット

はしがき

　日本人が外国語と接する時には特にその言語を自分に
とってどういう意味を持つものにしていきたいのかを
考えないで勉強していることが多いように思う。する
と、上手い、下手だけが問題になってしまう。
（多和田葉子『エクソフォニー――母語の外へ出る旅――』
岩波書店、2003 年、p. 10 より）

　初めて、公立小学校で英語の授業を見てから 10 年経ちました。
　北は北海道から南は沖縄まで、いろいろな学校や教室が、いま、目に浮か
びます。札幌冬季オリンピックの選手村だったという広い廊下の学校、沖縄
のブーゲンビリアの咲く校庭、京都では西陣が校区だという学校、清水焼が
並ぶ東山の学校、雪の舞う滋賀県伊吹山のふもとの学校では畳敷きの和室で
英語の授業を見ました。
　歌って踊ってミュージカルのような授業、体育館いっぱいにボール紙で街
を作った授業、インドの本屋さんを題材にした授業、日本の歴史上の人物に
ついて話す授業、地元の高校生と対話する授業、テレビ会議で相手の大学生
を詰まらせた子どもたちの質問など、思いもよらない授業がありました。
　英語とどうつき合うか、英語をどのように体験するかには無数の道がある
との思いを、小学校での英語活動を見るたびに強くしています。小学校英語
活動の教育内容としての新しさは、子どもと教師が共に、英語や外国人とい
う未知の世界との出会いを重ねることにあると思います。
　個別具体的な英語活動実践の新鮮なことにはいつも感動させられるのに、
一方、トータルとしての小学校英語教育やそのシステムを語る言葉は、常に
重く、輝きを失いがちです。小学校で英語を教科にすべきか否か……現在、
最も注目されていることがらです。教育課程に関する施策と一つひとつの教

室との間には、様々な機構と過程が介在します。

　本書は、前著『小学校に英語がやってきた──カリキュラムづくりへの提言』(1997)以来、公立小学校への英語教育導入の意味と形について筆者が経験し、考え続けたことをまとめたものです。この6年程の間に私が出会ったいくつかの学校の先生たち、子どもたちが進めた自主的なカリキュラムづくりから学んだことを書こうと思いました。また、私が直接関わったことを含め、小学校英語をめぐるめまぐるしいばかりの動きを、事実にもとづいてできるだけ正確に理解し、評価しようと試みました。

　前著のはしがきで私は次のように書いています。

> 本書は、実際に小学校でどのように英語学習が始まっているのかを、できるだけ多くの人に知ってもらおうとの意図で書いたものです。そしてその中から、小学校での英語学習をどう考え、作っていったらいいかという、ことがらの全体像と、課題を多くの人と分かち合おうとしています。

　いま、また同じことを言いたいと思います。多くの小学校の先生たちと、彼らを支えて本当に豊かな子どもと英語との関わりを創造しようとする人々に再びエールを送りたいと思います。

　　　　　　　　　　　　　　　　　　　　　　　　　　　　著　者

目　次

はしがき　iii

プロローグ　その後の「生津小学校」　3

第Ⅰ部　公立小学校への英語導入はどのように進んできたか　9

第1章　公立小学校での英語活動はいまどうなっているのか　11
1. 小学校への英語教育の導入：第1ステージから第2ステージへ　11
2. 点から線・面へと縦横に広がる小学校英語　12

第2章　公立小学校への英語学習導入をめぐるこれまでの経緯　16
1. 新学習指導要領告示まで　19
2. 新学習指導要領の告示とその後の展開　20
3. 「21世紀日本の構想」懇談会による英語第二公用語化論の提言　23
4. 英語指導方法等改善の推進に関する懇談会　25
5. 「地域ですすめる子ども外国語学習の推進」事業　29
6. 小学校英語活動支援のための施策の展開　38

第3章　続く賛成・反対論議　42
1. 『BS討論：どうする小学校の英語』(2000年)　42
2. 慶應義塾大学シンポジウム「公立小学校での英語教育をめぐって」(2003年)　44

第Ⅱ部　『小学校英語活動実践の手引』の考え方　47

- 第1章　『小学校英語活動実践の手引』作成の背景と構成　49
- 第2章　『小学校英語活動実践の手引』における基本的な考え方　53
- 第3章　『小学校英語活動実践の手引』に対する反応　59
- 第4章　アクションプラン「『英語が使える日本人』の育成のための戦略構想」と「『英語が使える日本人』の育成のための行動計画」　64
  1. 「『英語が使える日本人』の育成のための戦略構想」の作成　64
  2. 「『英語が使える日本人』の育成のための行動計画」の策定　68

第Ⅲ部　研究開発学校等の先進的な歩みをふりかえる：研究開発学校の成果　73

- 第1章　公立小学校での英語教育に関するこれまでの研究開発学校　75
- 第2章　新たな研究開発学校　84
- 第3章　研究開発学校等先進校における成果　97
  1. 研究開発学校等の総合的な成果　97
  2. 英語力に関する成果　99

第Ⅳ部　カリキュラムづくりを具体的にどう進めるか　101

- 第1章　カリキュラムづくりの視点　103
  1. カリキュラムを学校がつくる：SBCDの考え方　103
  2. 公立小学校における英語活動の特色　105
  3. 学校におけるカリキュラムづくりの進め方　110
  4. 英語活動カリキュラムづくりの実際　112
- 第2章　特色あるカリキュラムづくりに学ぶ　118
  1. 地域全体で取り組む英語活動のカリキュラムづ

         くり:岐阜県各務原市の「英語に親しむ時間」　118
      2. 横浜市「小学校国際理解教室」のカリキュラム　124
      3. 「総合的な学習の時間」の枠でのカリキュラムづ
         くり:熊本大学教育学部附属小学校の事例──
         コンピュータの活用が英語活動と国際交流を連
         動させる──　131
      4. 京都市小学校英語活動指導計画とリソースコー
         ナー　142
      5. 学校放送番組『えいごリアン』のカリキュラム　146

第3章　**1校1校からの出発**　　　　　　　　　　　　　**171**
      1. カリキュラムをつくるために　171
      2. 一つひとつの学校に求められること　172
      3. 一人ひとりの教師に求められること　173
      4. 行政に求められること　173

第Ⅴ部　「教える人」をどう育てるのか:教員養成と研修　175

第1章　**指導者をめぐる諸問題**　　　　　　　　　　　**177**
      1. 学級担任(HRT)か英語専科教員(JTE)か　177
      2. ALTの問題点　179
      3. 民間人の活用ということ　180

第2章　**教員研修プログラムの実態**　　　　　　　　　**181**
      1. 国の研修　181
      2. 地方自治体の研修　183
      3. 大学による研修　191

第3章　**小学校英語教員養成のためのカリキュラム試案**　**194**
      1. 大学における小学校教員養成の現状　194
      2. 韓国・台湾における小学校英語教員養成・
         研修　195
      3. 小学校で英語を指導するために　198
      4. カリキュラム・デザイナーとしての教師像　199
      5. カリキュラムの構成及び試案　199

第VI部　小学校英語教育を展望する　203

第1章　一貫性のある英語教育という考え方：小・中連携について　205
1. 小学校英語活動と中学校英語教育は連携しなければいけないのか　205
2. 小・中一貫した英語教育を構想するとすれば……　206

第2章　地域による特色ある英語教育という考え方：規制緩和の行方　209
1. 教育の規制緩和と「教育特区」の出現　209
2. 構造改革特別区域研究開発学校設置事業　211
3. 岐阜発「英語でふるさと自慢」特区の場合　212

第3章　外部の教育力を生かすという考え方：教育のアウトソーシング？　215
1. 地域の人々、企業、NPOとの協働　215
2. 教材、カリキュラムの民間委託　216

エピローグ　見失ってはいけない「本当に大事なこと」　219

あとがき　221
初出一覧　225
参考文献　227
索引　231

明日の小学校英語教育を拓く

プロローグ

その後の「生津小学校」

　2003（平成15）年12月4日、岐阜県瑞穂市（旧本巣郡穂積町が巣南町と合併してできた新市）立生津（なまづ）小学校で、「豊かなコミュニケーション能力を身につけた子どもの育成：楽しく取り組む英語学習活動を通して」というテーマの研究発表会が行われました。1年から6年まですべての学級の授業が公開され、岐阜県内をはじめ全国各地から多くの参観者を集めました。

　1994（平成6）年4月に同校が「小学校における外国語学習の在り方」に関する文部省（当時）の研究開発学校として指定を受けてから、ちょうど10年目になります。筆者は生津小学校が研究開発学校であった当時、運営指導委員として関わり、この時の経験が筆者にとっての小学校英語教育の原点になりました。そして、公立小学校への英語導入がいかに豊かな教育創造の機会になっているか、その特筆すべき事例として同校の実践研究を松川（1997）で詳しく紹介しました。

　生津小学校は、研究開発学校としての指定期間（平成6年から8年度）が終了した後も引き続き英語教育に取り組み、毎年その成果を研究発表会で公表してきました。公立学校の場合は私立学校と異なり、毎年教員の移動があり、数年経つとスタッフもすっかり入れ替わります。生津小学校の場合も、研究開発学校当時に在職していたスタッフはすでに一人もいなくなりました。校長先生も開発当初から数えて4代目になります。

　研究開発学校当時、生津小学校のテーマが教科「英語」としての開発だったことにもよりますが、筆者は生津小学校の実践をコミュニケーション体験を主軸にしたものとしてとらえ、松川（1997）で、

> 生津小学校の実践のもうひとつの大きな特徴は、「国際理解教育」というものを早い時期に英語学習導入と切り離してしまったことにあります。(p. 139)
>
> 生津小学校の割り切り方は、ひとつの見識を示すものだったと思います。(p. 140)

と評価しました。

　研究開発の指定期間を終えた後も同校は、岐阜県指定の個性化教育推進事業の指定を受け（平成10年から11年度）、また、自主研究として英語学習活動の在り方を模索してきました。新しい展開として、日本や外国の生活・文化を学び尊重する総合的な学習として「インターナショナル・フレンズ・タイム」を創設し、次第に国際理解教育へのシフトを強めました。現在は以下に示すように、「総合的な学習の時間」全体で国際理解教育をテーマとし、その中で英語学習活動を行っています。

　毎年研究発表会を参観してきましたが、いったんは切り離した「英語」と「国際理解」をつなげようとする転換は容易でないように見えました。しかし、「英語」を通して「国際理解」を進めるということの具体的な姿が、今回の研究発表会では見られたように思いました。

　以下に、今回の研究発表会で特に印象に残った授業を紹介したいと思います。5年生の授業です。

　5年生2クラス（48人）を合同にして行われた授業の題材名は、「ワールド・グルメになろう」、場所は家庭科室でした。クラスの担任2人とアメリカとイラン出身の2人のALT（Assistant Language Teachers: 外国語指導助手）、さらに研究発表会のためかカナダ、オーストラリア、アメリカ、バングラデシュなどから外国人ゲストが数人参加していました。児童は4、5人のグループ毎にテーブルの周りに座り、テーブルに置かれたカードの写真から、どこの国の料理かを自分たちで予想する活動から入ります。その国出身のALTやゲストをテーブルに呼び、その料理に使われている食材（ピーナッツバター、メイプルシロップ、カレー、スナック菓子など）の味を実際に試しながら会話を行います。各テーブルには4種類のカードが置いてあり、したがってこの時間内に4か国の料理について話をしたことになります。

　珍しい食材について興味を持って外国人ゲストの話を聞き、実際に味を試し、世界にはいろいろな味があること、同じ日本人でも味覚には違いがあることなど、子どもたちは様々なことを学びます。少人数のグループに外国人ゲストを呼ぶことで、子どもたちは実に自然に英語を使っていました。

　この英語活動の詳しい指導案については、以下の表1と表2を参照してください。この授業は、「総合的な学習の時間」の中の5年生の国際理解教育のテーマ「食物を通して世界を知ろう」と関連させた内容になっています。

　生津小学校が英語と取り組んだこの10年は、試行錯誤や実験的な試みが

繰り返された公立小学校への英語導入の「第1ステージ」とほぼ重なるものです。研究開発学校に指定されるという特別の期間が過ぎ、その後入学した児童が中学生になるくらいの時間を経て、生津小学校のひとつの到達点が今回の発表会で示されました。それは、子どもにとって「英語」をどのような意味を持つものにしたいかということのスタッフの苦闘の跡であり、成果であったと思います。

表1 生津小学校における「総合的な学習」のカリキュラム

領域		年	テーマ		願う子どもの姿
英語活動	英語学習活動【35時間】体験活動を通して英会話に親しむ（低学年は学校裁量の時間で）	1	なかよく あそぼう		身近な英語を使って、歌や遊びなどの活動を仲良く楽しむことができる。
		2	なかよしになってあそぼう		
		3	遊ぼう 活動しよう		簡単な英語で、楽しい活動をしながら、聞いたり話したりするやりとりを楽しむことができる。
		4	友達と遊ぼう		
		5	友だちといっしょ		簡単な英語で楽しい活動をしながら、気持ちや考えを伝え合うことを楽しむことができる。
		6	みんなで楽しく		
	FT (Friendly Time)【25時間】	全	（全校一斉テレビ放送を通し、英語を使って活動する）【火〜金曜日の朝10分】		身の周りの英語に関心をもち、簡単な英語でのやりとりを楽しむことができる。
IFT (International Friends Time) 自国や外国の生活・文化に関心を持ち、周りの人と関わりながら、主体的に課題追究する		1	ふれあい	（生活科の一部の単元で）	身近な人々と触れ合いながら、いろいろな活動の楽しさを味わうことができる。
		2			
		3	自然 くらし【45時間】	ふるさと博士になろう	自分たちが住んでいる地域について興味を持ち、進んで調べ、体験することができる。
		4		生津たんていになろう	
		5	文化 生き方【50時間】	食物を通して世界を知ろう	日本や外国の生活や文化に興味を持ち、進んで調べ、工夫して発表することができる。
		6		自分の世界を広げよう	

（平成15年度生津小学校研究発表会全大会資料指導案、p. 12）

6　プロローグ

表2　指導案（目標：世界の料理や味に親しみながら、お互いの好みについて質問したり答えた

児童の学習活動	HRT 1・HRT 2
1. Greeting ♪ Chants	・リズムに乗って、子ども達をリードする。 ・相手の目を見ながら言っている子・はきはきした声で言っている子を認める。
2. Introduction of Guest	・子ども達と一緒に聞く。
3. Song ♪ I've been working on the railroad	・子ども達と一緒に歌う。 ・リズムにのって楽しそうに歌っている子を認める。
4. Activities ① グループで予想する。 ② ALT の先生を呼んで、答えを聞く。 ③ ALT の先生と料理や食材などについて話す。 ④ 5分間ずつ4枚のカードについて考える。	H1: Today's game is "カードゲーム" HRT1、2で1つのグループを作る。机の上にカード4枚を置く。 1枚目のカードを見る。料理の絵を見て、どこの国の料理かを予想する。 H1: I'm a leader. Which country is this? What do you think? H2: I think it's American food. How about you? H1: I think so. H1: ～ sensei, please come here. H2: Is this American food? A1: Yes, that's right. ALT の先生はその料理に使われているスパイスや食材を1つ持っていて、グループの子どもと一緒に試してみる。 A1: How's the taste? H1: It's sweet. What do you think? A1: It's too sweet. I don't like it. H2: "Too sweet"? ・各グループをまわりながら、適宜会話に参加していく。
5. ALT's topics	・珍しい食材について、ALT の先生に聞いてみる。 ・子ども達が理解できているかを見届ける。必要に応じて、理解できるように手助けする。
6. Comments	・振り返りカードの記入をさせる。 ・自分から会話していた子、言葉のでてこない子に思いやりのある態度や言葉で会話していた子など態度面でよかった子を認める。 　ex. "Good luck." "That's O.K." などの温かい言葉を使っていた子や分からない子に教えていた。

りすることができる）

ALT 1・ALT 2	援助・評価
・始めは、前に立って子ども達をリードする。 ・グループでのやりとりの時は、グループに入って楽しく活動する。 ・Guest teachers の紹介を助ける。 ・子ども達と一緒に歌う。	・リズムに乗って受け答えをし、楽しい雰囲気で学習が始められるようにする。 ・本時で使う表現を取り入れる。 ・リズムにのって楽しく歌えるように、適度なテンポの曲を取り入れる。
A1: Yes, "too sweet" means "don't like". 　　What do you think? H2: It's sweet. How do you say "ちょっと" in English? A1: I say "It's a little sweet." 音楽がかかる。 A1: Oh, time is up. You did a good job.（シールを貼る） 　　Let's try the next card, please. ・机の上のカードの問題を1枚ずつ考えていく。 ・最初に、リーダーはグループみんなの予想を順番に聞いてから、ALT の先生を呼ぶ。 ・1枚のカードに要する時間は、5分間。 ・問題の答えがあたったら、ALT の先生とその料理に使われている食材や実際の味を試しながら会話をする。 ・コミュニケーションのよかったグループは、先生からシールがもらえる。	・カードの問題をグループで考えてから、答えを確かめるために ALT の先生を呼ぶというゲームの進め方が理解できているか確かめる。 ◎いろいろな質問をしたり、答えたりすることができたか。 ○温かい言葉や態度で接しようとしていたか。 ○味を表す言葉を使おうとしていたか。 ※困っている子には、グループの子に "Please help her (him)." と声をかけお互いに助け合えるように促す。
・グループに呼ばれたら行き、質問に答えたり、反対に質問を投げかけてたくさんの会話ができるようにする。 ・2人の ALT から国による違いを話す。 ・その国特有の食材について話す。 ・ALT's topics でよく反応した子を認める。 ・英語の発音のよかった子や進んで話そうとしていた子など言語面でよかった子を認める。 　ex. "How about you?" などの既習の表現を使っていた。	・その国特有の食材があることや味の感じ方の違いがあることを理解させる。

第Ⅰ部

公立小学校への英語導入はどのように進んできたか

第1章
公立小学校での英語活動はいまどうなっているのか
第2章
公立小学校への英語学習導入をめぐるこれまでの経緯
第3章
続く賛成・反対論議

第1章 公立小学校での英語活動はいまどうなっているのか

1. 小学校への英語教育の導入：第1ステージから第2ステージへ

　小学校への英語教育導入は、新しい段階に入っています。

　2002（平成14）年4月から小・中学校では新学習指導要領にもとづく授業が全面実施となり、完全学校週5日制が開始されました。小学校では新設された「総合的な学習の時間」等を利用して国際理解に関する学習の一環として英語活動を行うことができるようになりました。

　小学校での英語教育は、明治の一時期を除くと一部の私立小学校でのみ行われてきましたが、1990年代に入り、公立小学校への導入が検討課題になり、1992（平成4）年から文部省（現文部科学省）の研究開発学校を中心に先導的な実践研究が行われてきました。また研究開発学校以外に、金沢市、京都市など一部の地方自治体も独自に小学校に英語学習を取り入れてきました。このような先進校と呼ばれる学校のカリキュラムや授業の様子は、研究発表会や研究報告を通じて公表され、またマスコミなどでも注目され取り上げられてきました。初期に研究開発学校に指定された学校の中には、指定期間が終了した後も英語の授業を継続しているところが少なからずあり、そうした学校はもうすでに10年近くも継続していることになります。

　しかしこれらの学校は全体から見ればごく一部で、研究開発学校の場合でいえば、全国22,800あまりの公立小学校のうちの1％にも満たないものであり、実際にこれに携わった教員の数は全国40万人の小学校教員のうちはたしてどれだけあったでしょうか。1992（平成4）年に大阪で初めて小学校における外国語学習に関する研究開発学校が指定されてからのこの10年あまりは、まさに、公立小学校への英語教育導入の「第1ステージ」とでも言えるものであったと思います。

　そして、2002（平成14）年4月から、新教育課程のもと「総合的な学習の時間」等の枠を使い、国際理解に関する学習の一貫として、英語活動を一般の学校でも取り入れることが可能になりました。いわば、小学校への英語教

育導入の「第2ステージ」が始まったと言えます。第2ステージ元年である2002（平成14）年7月時点の文部科学省のデータによれば、全国22,847校の公立小学校のうち、英語活動を何らかの形で実施している小学校は、小学校3年では11,724校（全体の51.3％）、4年では11,957校（52.3％）、5年では12,327校（53.6％）、6年では12,806校（56.1％）にのぼります。移行措置段階の前々年（2000年）は約20％、前年（2001年）は約42％ということですから、新学習指導要領全面実施に入り、英語活動に取り組む学校は着実に増えてきたといえるでしょう。しかし実際には、実施していると答えている学校の多く（63％）は、年間1時間から11時間レベルであるとの報告がありますので、全国で半数あまりの学校が手探り的に始めだしたというのが現状でしょう。

多くの学校がこれから、第1ステージでの先進校と同様の試行錯誤を繰り返しながら、英語活動のカリキュラムや授業をつくっていくでしょう。第1ステージのいわば「点」としての試みが、第2ステージでは「面」として地域的にも広がり、時間的にも広がりを見せていくことが予想されます。

第1ステージの10年間に生み出されたものは開始時には、予想されなかったような多彩なカリキュラムと授業実践であり、また同時に多くの解決されない課題でした。第2ステージは、ある意味で、「教科化」という第3ステージに向けての単なる時間かせぎか、つなぎと見る向きもあるようですが、筆者は、ことはそれほど単純ではないと考えています。

小学校で英語が教科になるかどうか、仮にその場合、時期はいつかなどについては、今のところ未定であり、第2ステージの現状の冷静な分析と評価が何よりも現在求められていることだと思います。

2．点から線・面へと縦横に広がる小学校英語

研究開発学校

第1ステージの1992（平成4）年に初めて大阪で指定された文部省の研究開発学校は、1996（平成8）年頃には各県1校ずつに広がりました。第2ステージに入り、一般の学校が「総合的な学習の時間」を使って英語活動に取り組めるようになり、「小学校の英語教育」に関する研究開発学校はどんな状況になっているでしょう。研究開発学校の詳しい歩みや成果については第III部で述べることにしますが、第2ステージ2年目の2003（平成15）年度、全

第 1 章　公立小学校での英語活動はいまどうなっているのか

国には小学校で「英語科」を置き、教育課程や指導法の研究開発を行う研究開発学校が以下のように 11 校指定されています。

埼玉県春日部市立粕壁小学校（春日部中学校）
千葉県成田市立成田小学校（成田中学校）
石川県金沢市立南小立野小学校
岐阜県土岐郡笠原町立笠原小学校（笠原中学校）
大阪府千早赤阪村立赤阪小学校（こごせ幼稚園）
大阪府河内長野市立天野小学校（西中学校）
兵庫県揖保川町立河内小学校
高知県田野町立田野小学校（田野幼稚園、田野中学校）
福岡県小郡市立東野小学校
鹿児島県川内市立平佐西小学校
沖縄県那覇市立金城小学校（外 34 小学校、17 中学校）

上記の学校は、主とする研究課題が小学校での英語教育や小・中連携の英語教育ですが、それ以外にも研究内容の一部に小学校での英語教育が含まれている研究開発学校としては以下のものもあります。

平成 13 (2001) - 15 (2003) 年度指定
東京都豊島区立目白小学校
平成 14 (2002) - 16 (2004) 年度指定
東京都品川区立第二日野小学校（日野中学校）
香川県直島町立直島小学校（直島中学校）
平成 15 (2003) - 17 (2005) 年度指定
香川大学教育学部附属坂出小学校（幼稚園、坂出中学校、養護学校）
広島大学附属三原小学校（幼稚園、三原中学校）
北海道鹿追町立鹿追小学校 [外 4 小学校]（鹿追中学校 [外 1 中学校]、鹿追高等学校）
大阪府寝屋川市立三井小学校、明徳小学校（第十中学校）

　以前の研究開発学校と大きく違う点は、小学校での英語教育を研究課題としていても、ほとんどが小学校単独での研究開発ではなく、幼稚園や卒業生が進学する中学校とセットで指定を受けている点です。「総合的な学習の時間」の英語活動ではなく、教科として考えた時、すでに教科である中学校の英語との接続が大きな課題になるのは当然です。現行の教育課程の範囲を超えて研究する研究開発学校の場合、小学校の英語教育は小学校だけで考えるのでなく、中学校との縦のつながりでとらえる段階に入っていると言えます。

さらに沖縄の那覇市の場合は異例とも言える市内全小学校と中学校がセットで指定を受けています。中学校との縦の接続だけでなく、地域で横に広げて自治体すべての小学校を含んでの研究開発の取り組みです。教科化が要求する一定の均質性の保障ということが、研究内容として意味を持ってきています。これは次に述べる「構造改革特区」とも共通するものです。

構造改革特区

『内外教育』（2004年1月27日付）は、金沢市が1月19日、政府に小・中一貫英語教育特区を申請したと報じています。これによると、市では小学校3年以上に英語科を設置するとともに、小学校6年生には中学1年用の、中学1、2年生には上の学年用の英語教科書を早期に支給する方針だとのことです。小学校3年以上が使用する小学校英語の副読本も作成し、中学3年生では英語教科書が終了した後は金沢の歴史や文化を英語で発信できる能力を養うような副教材を使う予定だといいます。

金沢市はすでに1996（平成8）年度から小学校に英語活動を導入して、地方自治体としては最も早期に小学校に英語を導入してきた部類に入ります。小学校への英語教育導入に関する、このような地方自治体独自の動きは、小泉内閣が地域限定で規制緩和する構造改革特区を認定するようになってから、一段と目立ってきました。文部科学省も2003（平成15）年度から、地方自治体が構造改革特区で学習指導要領の基準によらない教育課程を編成・実施しようとする場合、これを可能とする制度として、従来の研究開発学校制度とは別に構造改革特別区域研究開発学校設置事業という形で、制度化しました。

現在、構造改革特別区域研究開発学校として認定を受けているもののうち、小学校における英語教育に取り組む自治体と特区名は以下のとおりです。

2003（平成15）年4月21日認定
群馬県太田市「太田外国語教育特区」
2003（平成15）年5月23日認定
福島県会津若松市「会津若松市IT特区」
埼玉県狭山市「外国語早期教育推進特区」
埼玉県戸田市「国際理解教育推進特区」
埼玉県新座市「国際化教育特区」
千葉県成田市「国際教育推進特区」
東京都荒川区「国際都市『あらかわ』の形成特区」

滋賀県長浜市「ホスピタリティ都市構想特区」
2003（平成 15）年 8 月 29 日認定
栃木県足利市「足利英会話教育特区」
神奈川県横須賀市「横須賀市国際教育特区」
沖縄県宜野湾市「宜野湾市英語教育特区」
2003（平成 15）年 11 月 28 日認定
岐阜県岐阜市「岐阜発『英語でふるさと自慢』特区」
高知県高知市「国際理解教育推進特区」
2004（平成 16）年 1 月現在認定申請中
宮城県角田市「小学校英語教育推進特区」
福島県郡山市「郡山市小中学校英語教育特区」
茨城県水戸市「水戸市幼・小・中英会話教育特区」
石川県金沢市「『世界都市金沢』小中一貫英語教育特区」
長野県下諏訪町「英語教育推進特区」
沖縄県浦添市「浦添市英語教育特区」

　構造改革教育特区の詳しい内容とその意味については第VI部で述べようと思いますが、小学校英語教育が地域で横に広がろうとする動きのひとつとして、注目すべき点があります。

第2章 公立小学校への英語学習導入をめぐるこれまでの経緯

　第1章でも述べたように、2002（平成14）年4月から小・中学校では新学習指導要領にもとづく授業が全面実施となり、完全学校週5日制が開始されました。小学校では新設された「総合的な学習の時間」等を利用して国際理解に関する学習の一環として英語活動を行うことができるようになりました。

　公立小学校へ教科として英語を導入することが本格的に検討され始めたのは、1990年代に入ってからでした。それから10年あまりが経過し、小学校への英語教育導入は、新しい段階に入ったと言えるでしょう。

　以下に、公立小学校への英語導入をめぐるこれまでの経緯と関連する出来事を年表形式でまとめてみました。

表1　小学校英語導入に関連する主要事項年表

1986（昭和61）年4月	臨時教育審議会第二次答申で「英語教育の開始時期についても検討する」。
1991（平成3）年4月	文部省初等中等教育局長の私的諮問機関である「外国語教育の改善に関する調査研究協力者会議」が設置され、この諮問においてのテーマのひとつとして「外国語教育の開始時期の検討」が盛り込まれ、小学校段階での英語教育について論議される。
1991（平成3）年12月	臨時行政改革推進審議会（第三次行革審）の「豊かな暮らし部会」が、小学校への英語導入を検討するよう提言。
1992（平成4）年1月	日教組・大場昭寿委員長（当時）が、「国際化時代に対応していくために、今日の受験のための英語を見直し、生活英語としての、英語教育を小学校の早い段階から導入すること」を提唱。
1992（平成4）年2月	文部省の坂元弘直初等中等教育局長（当時）が、「小学校段階での外国語（英語）教育の是非に関して、教育課程審議会に諮問するなど、何らかの検討の手続きを開始す

第 2 章　公立小学校への英語学習導入をめぐるこれまでの経緯

	る」と発言。
1992（平成 4）年 5 月	鳩山文部大臣（当時）が、研究開発学校制度により、「国際理解教育の一環としての英語教育を実験的に導入」することを表明。**大阪の公立小学校 2 校（真田山・味原）が「国際理解・英語学習」指導の在り方についての研究開発学校として指定される。**
1993（平成 5）年 4 月	千葉県の鴫嶺(ときがね)小学校と鹿児島大学附属小学校の 2 校が研究開発学校に追加される。
1993（平成 5）年 7 月	「外国語教育の改善に関する調査研究協力者会議」（座長：小池生夫氏）が「中学校・高等学校における外国語教育の在り方について」報告書を提出。「中学校・高等学校における外国語教育の在り方について」の報告中の「外国語の学習開始年齢」の項目で「児童は外国語学習に極めて適している」とする。
1994（平成 6）年 4 月	「小学校における外国語学習の在り方」に関する研究開発学校が新たに 12 校指定される。
1996（平成 8）年 4 月	都道府県すべてに 1 校ずつ、研究開発学校が指定される。
1996（平成 8）年 7 月	第 15 期中央教育審議会（有馬朗人会長）が、「21 世紀を展望したわが国の英語教育の在り方について――子どもに『生きる力』と『ゆとり』を」の第一次答申を発表。「第 3 部 国際化、情報化、科学技術の発展等社会の変化に対応する教育の在り方　第 2 章 国際化と教育」で、外国語教育について触れられている。小学校における外国語教育について、「総合的な学習の時間」や特別活動などで、国際理解教育の一環として、英会話などに触れる機会や外国の生活、文化に慣れ親しむ機会を持たせるようにする、との方針が出される。
1998（平成 10）年 7 月	教育課程審議会、「幼稚園、小学校、中学校、高等学校、盲学校、聾学校及び養護学校の教育課程の基準の改善について」（答申）をとりまとめ、**「総合的な学習の時間」の創設**など教育課程の基準の改善について提言する。
1998（平成 10）年 9 月	中央教育審議会、「今後の地方教育行政の在り方について」（答申）をとりまとめ、地方分権推進の観点から地方や学校の裁量の幅を大きくすること、そのため学校、家庭、地域社会の連携と教育委員会の役割の重要性を指摘する。

1998（平成 10）年 12月	**新小学校学習指導要領告示**。2002（平成14）年度から、小学校において「総合的な学習の時間」の枠組みの中で、国際理解教育の一環として英語教育の実施が可能になった。
1999（平成 11）年 8月	文部省生涯学習局は2000（平成12）年度概算要求に小学生が学校外で外国語を学べるようにする**「地域ですすめる子ども外国語学習の推進」**事業を盛り込む。
2000（平成 12）年 1月	「英語指導方法等改善の推進に関する懇談会」発足。
2000（平成 12）年 1月	「21世紀日本の構想」懇談会最終報告の中に「長期的には**英語を第二公用語とする**ことも視野に入ってくる」と記述、論議を呼ぶ。
2000（平成 12）年 2月	「小学校英会話指導の手引等作成協力者会議」発足。
2000（平成 12）年 3月	「地域で進める子ども外国語学習の推進」事業の在り方について検討する調査研究協力者会議発足。
2000（平成 12）年 4月	2002（平成14）年の実施を前に移行措置がとられ、「総合的な学習の時間」の実施が可能になった。
2001（平成 13）年 1月	**「小学校英語活動実践の手引」**公表。
2001（平成 13）年 1月	**「英語指導方法等改善の推進に関する懇談会」報告書**提出。
2001（平成 13）年 4月	「小学校英語活動実践の手引」開隆堂から市販。
2001（平成 13）年 4月	教科としての研究開発学校として3校が指定される。
2001（平成 13）年 10月	文部科学省、独立行政法人教員研修センター主催第1回**「小学校英語活動研修講座」**（東京）を開催。
2002（平成 14）年 4月	**小・中学校新学習指導要領完全実施。**
2002（平成 14）年 7月	**文部科学省、「『英語が使える日本人』の育成のための戦略構想――英語力・国語力増進プラン――」**を発表。
2003（平成 15）年 3月	文部科学省主催「『英語が使える日本人』の育成のためのフォーラム」が開催され、文部科学省、**「『英語が使える日本人』の育成のための行動計画」**を発表。

2003（平成15）年 10月	中央教育審議会が「初等中等教育における当面の教育課程及び指導の充実・改善方策について」答申を出し、この中で、「総合的な学習の時間」の一層の充実を挙げる。
2003（平成15）年 12月	文部科学省、「小学校、中学校、高等学校等の学習指導要領の一部改正について」を告示し、学習指導要領の一部見直しを行う。
2003（平成15）年 12月	「小学校英会話活動ガイドブック（仮称）」作成協力者会議発足。
2004（平成16）年 1月	河村建夫・文部科学相が荒川「構造改革特区」の第三日暮里小学校を視察、英語の授業について「いずれ全国で行いたい」と前向きな感想を述べる。

1. 新学習指導要領告示まで

　公立小学校へ教科として英語を導入することが本格的に検討され始めたのは、1990年代に入ってからでした。けれど、教科外での導入の例はずい分以前からあり、千葉県では1972（昭和47）年度より15の公立小学校が、クラブ活動としての英語教室を始めています。また、1987（昭和62）年度に開始された、横浜市立小学校における「国際理解教室」も、公立小学校における英語学習の先駆的事例と言えるものでした（第IV部第2章2節参照）。

　文部省の施策の急激な進展に先鞭をつけたのは、1986（昭和61）年に発表された臨時教育審議会第二次答申中の「英語教育の開始時期についても検討する」という文言でした。ついで1991（平成3）12月に、臨時行政改革推進審議会（第三次行革審）の「豊かな暮らし部会」が、小学校への英語導入を検討するよう提言しました。1992（平成4）年2月には、文部省の坂元初等中等教育局長（当時）が記者会見で、小学校への英語教育導入について検討を始めることを決定した、と表明しました。

　そして同年5月、大阪市立真田山小学校、味原小学校が「英語学習を含む国際理解教育」の研究開発学校として指定され、同10月から小学校で英語の授業を始めました。この時、両校の卒業生が進学する高津中学校も「小・中の教育課程の連携」に関する研究開発学校として指定を受けました。1993（平成5）年度は、千葉県の鴇嶺小学校と鹿児島大学附属小学校の2校が研究開発学校に追加されました。

1993年7月には、文部省初等中等教育局長の私的諮問機関である「外国語教育の改善に関する調査研究協力者会議」(座長：小池生夫氏)が「中学校・高等学校における外国語教育の在り方について」報告書を提出し、小学校段階での外国語学習に関しては、賛否両論を併記し結論を先送りしたものの、実践研究の充実を要請しました。翌、1994 (平成6) 年度には「小学校における外国語学習の在り方」に関する研究開発学校が新たに 12 校指定され、① 教科、② クラブ活動、③ 教科、特別活動を組み合わせての、3 つの形態で研究を行うことになりました。

さらに、1996 (平成8) 年度には継続校も含めて 47 都道府県すべてに1校ずつ、研究開発学校が指定されました。この頃になると文部省指定の研究開発学校のほかに、地方自治体独自の英語教育への取り組みも見られるようになってきました。金沢市では、民間人材を活用して市内 59 の全小学校で英語活動の授業を始めています。

この 1996 (平成8) 年7月には、学校完全週5日制実施に伴う教育課程改定に向けて検討を重ねてきた第 15 期中央教育審議会が「21 世紀を展望したわが国の教育の在り方について——子どもに『生きる力』と『ゆとり』を」と題した第一次答申を発表しました。小学校への英語教育の導入については、教科としての一律導入は見送られ、新設の「総合的な学習の時間」や特別活動などで、国際理解教育の一環として英会話などに触れる機会や外国の生活、文化に慣れ親しむ機会を持たせるようにする、という方針が示されました。これを受けて発足した教育課程審議会での審議を経て、1998 (平成 10) 年12月には新しい学習指導要領が告示されましたが、小学校における英語学習の取り扱いに関する基本方針は、先の中央教育審議会で示されたとおりでした。

2. 新学習指導要領の告示とその後の展開

新しい小学校学習指導要領は 1998 (平成 10) 年 12 月に告示されました。この指導要領は、2002 (平成 14) 年度から実施される完全学校週5日制のもとで、各学校がゆとりの中で特色ある教育を展開し、児童に豊かな人間性や基礎・基本を身につけ、個性を生かし、自ら学び自ら考える〔生きる力〕を培うことを基本的なねらいとしています。その基本方針は以下の4点にまとめられます。

① 豊かな人間性や社会性、国際社会に生きる日本人としての自覚を育成すること。
② 自ら学び、自ら考える力を育成すること。
③ ゆとりのある教育活動を展開する中で、基礎・基本の確実な定着を図り、個性を生かす教育を充実すること。
④ 各学校が創意工夫を生かし特色ある教育、特色ある学校づくりを進めること。

　上のねらいを達成するために、教科、道徳、特別活動のほかに新たに「総合的な学習の時間」が新設され、そこで行う学習活動の例として国際理解が挙がっており、その学習の一環として「外国語学習等」が位置づいています。
　実際、この新小学校学習指導要領全体の中で英語学習に関わる言及は、ただ一箇所だけです。総則の「第3 総合的な学習の時間の取扱い」で配慮事項として、次のように述べられています。

> 国際理解に関する学習の一環としての外国語会話等を行うときには、学校の実態等に応じ、児童が外国語に触れたり、外国の生活や文化などに慣れ親しんだりするなど小学校段階にふさわしい体験的な学習が行われるようにすること。（総則第3の5）

　「総合的な学習の時間」そのものの趣旨は、地域や学校、児童の実態等に応じて、横断的・総合的な学習や児童の興味・関心等にもとづく学習など創意工夫を生かした教育活動を行うことにあります。教科とは異なり、目標や学習内容も特に規定されておらず、したがって先のような言及が、わずか数行ではあっても、特に外国語（英語）に関してなされていることは注目に値すると言えます。
　『小学校学習指導要領解説 総則編』（1999年5月）ではさらに次のように述べられています。

> 　小学校での外国語に関する学習は、これまでクラブ活動の時間などで行われてきた。総合的な学習の時間の創設に伴い、地域や学校の実態等に応じて、この時間に外国語会話等を行う場合は、あくまでも国際理解教育の一環として、中学校の外国語教育の前倒しではなく、児童が外国語に触れたり外国の生活、文化に慣れ親しむような小学校段階にふさわしい体験的な学習を行うようにすることが大切である。
> 　具体的な学習活動としては、小学校段階にふさわしい歌、ゲーム、簡単な挨拶やスキット、ごっこ遊びなど音声を使った体験的な活動、作品交換や姉妹校交流など外国の子供たちとの交流活動、ネイティブスピーカーなどとの触れ合いなどを積極的に取り入れ、外国語に慣れ親しませることや外国の生活・文化に触れ、

興味・関心を持たせるようにすることなどが考えられる。(pp. 53–54)

これらの文書から「総合的な学習の時間」に行われる外国語（英語）学習の趣旨は、以下のように5点にまとめられます。

① 国際理解に関する学習の一環として行われるものであること
② 中学校の英語教育の前倒しではないこと
③ 児童を外国語に触れさせること
④ 外国の生活や文化などに慣れ親しませること
⑤ 体験的な学習であること

　さて、この新学習指導要領は通常の改訂の場合と違い、教育関係者だけでなく、広く国民の間で論議されることになりました。いわゆる「学力低下」問題の議論です。この学習指導要領自体が2002（平成14）年度から実施される学校完全週5日制への対応で改訂されたものですから、時数減がある以上、指導内容は当然減ることはわかっていました。しかしそれだけでなく「各学校がゆとりの中で特色ある教育を展開する」という基本方針や小・中学校における教育内容の3割削減という事実が次第に明らかになると、「学力低下」への危惧が急速に広がりました。

　先鞭をつけたのは岡部恒治、戸瀬信之、西村和雄（1999）の『分数ができない大学生』でした。トップクラスの大学の学生のうち、10人に2人が分数計算ができないという調査結果が示されました。その指摘は確かに衝撃的ではありましたが、大学生の「学力低下」は、すでに多くの大学人にとっては共通の認識でもありました。ところが問題は「大学生の学力低下」にとどまらず、1981（昭和56）年来文部科学省が推し進めてきた「ゆとり教育」がその原因であるとの主張がなされたことでした。そして、学力低下は大学生だけではなく、「小学生、中学生、高校生の学力低下」問題へとエスカレートしていきました。

　2000（平成12）年になると、文部科学省の「ゆとり教育」の総仕上げともいうべき新学習指導要領の内容を危ぶむ声は日増しに高くなり、教科の時間を削って新設された「総合的な学習の時間」バッシングともいうべき論調も見られるようになってきました。

　この「学力低下」論争は、小学校への英語導入と直接関係ないようにも見えますが、二つの点で影響があったと思います。ひとつは、復古主義的な「基礎学力重視」派を力づけたことです。小学生には、やはり日本語での「読み、

書き」を中心に教えるべきであり、英語など必要ないというものです。「英語を話す前にまず日本語を」という考え方は、小学校への英語導入に反対する人々の間で一貫して言われてきたことです。後に出た「『英語が使える日本人』の育成のための戦略構想」(2002年7月)が国語力の増進を盛り込まざるを得なくなったゆえんです。

　もうひとつは、「総合的な学習の時間」で英語を教えるということを過渡的で、中途半端な位置づけとする、小学校英語導入賛成派、反対派両者からの批判です。賛成派は一刻も早く教科にして、きちんとした学力をつけるべきだと主張しました。反対派は、「総合的な学習の時間」の趣旨と英語活動にはずれがあると批判しました。

3.「21世紀日本の構想」懇談会による英語第二公用語化論の提言

　学校完全週5日制の実施に伴う、小・中学校での新学習指導要領の実施は2002 (平成14) 年4月からでしたが、移行措置期間は2000 (平成12) 年度から始まりました。その前年1999 (平成11) 年から2000 (平成12) 年にかけては、小学校英語をめぐり、新しい展開が見られました。まず1999年8月、文部省生涯学習局 (当時) が2000年度概算要求に「地域ですすめる子ども外国語学習の推進」事業を計上し、学校外で地域の協力を得ながら土日や夏休みを利用して小学生に外国語を教えるモデル事業を行うと発表しました。

　さらに、2000年1月18日、「21世紀日本の構想」懇談会 (故小渕恵三首相の委嘱による私的諮問機関。座長は河合隼雄国際日本文化研究センター所長 (当時)) が最終報告書を提出しました。この報告書は15年から20年先の日本のあるべき姿について、教育、国際的対話能力、選挙権、財政再建、司法、移民政策、安全保障などの広範囲にわたり、かなり大胆な提言を行ったものです。このうち、国際的対話能力を確立する方策として、

① 社会人になるまでに日本人全員が実用英語を使いこなせるようにする
② 国、地方自治体などの公的機関の刊行物やホームページなどは和英両語での作成を義務付ける
③ 長期的には英語を第二公用語とすることの国民的議論が必要

との提言をしています。その本文は以下のようになっています。

表2　「21世紀日本の構想」懇談会最終報告書（2000年1月）

> 『日本のフロンティアは日本の中にある——自立と協治で築く新世紀——』
>
> 第1章　日本のフロンティアは日本の中にある
> （総論）　Ⅳ．21世紀日本のフロンティア
> 　　　　　１．先駆性を活かす
> 　　　　　（2）グローバル・リテラシーを確立する
>
> 　「グローバル化と情報化が急速に進行する中では、先駆性は世界に通用するレベルでなければいけない。そのためには、情報技術を使いこなすことに加え、英語の実用能力を日本人が身につけることが不可欠である。
> 　ここで言う英語は、単なる外国語の一つではない。それは、国際共通語としての英語である。グローバルに情報を入手し、意思を表明し、取引をし、共同作業するために必須とされる最低限の道具である。もちろん、私たちの母語である日本語は日本の文化と伝統を継承する基であるし、他の言語を学ぶことも大いに推奨されるべきである。しかし、国際共通語としての英語を身につけることは、世界を知り、世界にアクセスするもっとも基本的な能力を身につけることである。
> 　それには、社会人になるまでに日本人全員が実用英語を使いこなせるようにするといった具体的な到達目標を設定する必要がある。その上で、学年にとらわれない修得レベル別のクラス編成、英語教員の力量の客観的な評価や研修の充実、外国人教員の思い切った拡充、英語授業の外国語学校への委託などを考えるべきである。それとともに、国、地方自治体などの公的機関の刊行物やホームページなどは和英両語での作成を義務付けることを考えるべきだ。
> 　<u>長期的には英語を第二公用語とすることも視野に入ってくるが、国民的論議を必要とする。</u>まずは、英語を国民の実用語とするために全力を尽くさなければならない。
> 　これは単なる外国語教育問題ではない。日本の戦略課題としてとらえるべき問題である。」（下線は筆者による）

　「英語第二公用語」論は、議論を喚起したかったという懇談会側の意図どおり、大いに物議をかもすこととなり、『朝日新聞』は同年4月4日から5日間にわたり特集を組み、河合座長はじめ、作家丸谷才一氏、メディア政策専攻の東京大学大学院教授月尾嘉男氏、弁護士長島安治氏などがそれぞれの立場から論じました。月刊雑誌『言語』（大修館書店）は8月号で「公用語論の視点——21世紀日本の言語政策を考える」という特集を組み、また『英語青年』（研究社出版）も9月号で「『英語公用語化』論に一言」という特集を組みました。

英語公用語化論争を仕掛けた「21世紀日本の構想」懇談会の本当の意図がどこにあったのかは疑問ですが、英語を公用語にするということと、英語教育をどうするかということはまったく別の問題です。ましてや、小学校への英語導入を英語公用語化とからめて論じることは、無意味であり、いたずらに問題を広げることになると考えます。この問題に限らず、一般に英語教育に関する議論はともすれば文化論争になりがちです。そしてそのことが、英語教育の諸課題をまさに教育の問題として徹底的に究明することから遠ざけてきたように思います。

　なお、英語第二公用語化論の全貌については、中公新書クラレの『論争・英語が公用語になる日』(2002年)に収録されています。

4. 英語指導方法等改善の推進に関する懇談会

　「21世紀日本の構想」懇談会の最終報告が出た直後の、2000 (平成12) 年1月21日に、今度は中曽根弘文文部大臣 (当時) が、英語教育全体の改善を検討する「英語指導方法等改善の推進に関する懇談会」を発足させました。その目的は、新学習指導要領の趣旨を推進するため、英語の指導方法について、これまでの英語教育の実態や言語環境等を踏まえ、再検討を行うとともに、ALTの活用方法等関連施策の在り方や児童・生徒の国際交流機会の一層の拡充策などについて、有識者による懇談を行うこととされています。

　懇談会のメンバーは、以下のとおりです (職名は当時)。

荒井　正道	岩手県立大迫高等学校 教頭
アントン・ウィッキー	奥羽大学 教授
大河原　愛子	イーベイジャパン (株) 代表取締役
金谷　憲	東京学芸大学 教授
久埜　百合	文化女子大学 講師
グレゴリー・クラーク	多摩大学 学長
黒川　光博	(株) 虎屋 代表取締役
ジョーゼフ・ヒックス	桜美林大学 教授
杉田　敏	(株) プラップジャパン 取締役副社長
高山　圭子	キャノン (株) 国際研修部長
谷口　賢一郎	秋田県総合教育センター 所長
田村　哲夫	学校法人渋谷学園 理事長
太郎丸　博	世田谷区立桜丘中学校 校長

鳥飼　玖美子		立教大学 教授
中嶋　嶺雄		東京外国語大学 学長
仲田　利津子		IIEEC 英語教師トレーニングセンター代表
平野　次郎		NHK 解説委員
的川　泰宣		宇宙化学研究所 教授
宗方　隆三		港区立芝浜中学校 校長
茂木　友三郎		キッコーマン（株）代表取締役社長
吉田　研作		上智大学 教授

　座長は、東京外国語大学学長（当時）の中嶋嶺雄氏です。
　この懇談会は2000（平成12）年6月30日に審議経過を報告し、最終報告書は、2001（平成13）年1月17日に提出されました。本文は26ページ、審議経過や資料編を含めて60ページ足らずのものですが、狭義の指導方法のみならず英語教育全般が網羅された内容になっています。
　このうち、「小学校英会話学習について」という箇所のみ、少し長くなりますが引用します。

エ．小学校英会話学習について

1　小学校の「総合的な学習の時間」における英会話学習

　平成10年7月の教育課程審議会答申において、「小学校における外国語の取扱いとしては、各学校の実態等に応じ、『総合的な学習の時間』や特別活動などの時間において、国際理解教育の一環として、児童が外国語に触れたり、外国の生活や文化などに慣れ親しんだりするなど小学校段階にふさわしい体験的な学習活動が行われるようにする必要がある」と提言され、これを受けて、新しい小学校学習指導要領では、3年生以上の児童が、新たに設けられた「総合的な学習の時間」の中で上述の学習活動を行うことができるようになっている。

　小学校の「総合的な学習の時間」で国際理解に関する学習の一環として英会話を実施する際、外国の生活や文化など異文化に触れたり、慣れ親しんだりすること、小学校段階にふさわしい体験的な学習を通じて「英語は面白い」という動機付けをすることなどが重要である。

　単に中学校の英語教育の前倒しとして中学校英語における学習内容をそのまま小学校に降ろしてくることは、避けなければならない。

　小学校段階にふさわしい活動としては、歌、ゲーム、簡単なあいさつやスキット、ごっこ遊びなど音声を使った体験的な活動などが考えられる。しかし、学習が進んでいくに従い、歌や遊びだけでは不十分で、学習の段階に応じた指導を考えることも重要である。

　現在、文部科学省では「総合的な学習の時間」の中で英会話に取り組む学校の参考になるように「小学校英語活動実践の手引」を作成しているが、今後とも、文

部科学省や都道府県教育委員会においては、英会話学習の内容や指導方法、教材の作成などについての情報提供を的確に行っていくことが求められる。

しかし、小学校段階の英語学習に関する過度の期待や競争心が小学校教育の本来の在り方や家庭における幼児期の教育をゆがめるようなことがあってはならず、家庭や地域、学校においては、この点について十分に配慮することが大切である。

2　指導者の養成

小学校における英会話学習については、以下のような指導者の研修をはじめとした支援策について、今後、積極的に検討する必要がある。

小学校において英会話学習を効果的に実施するため、前述の文部科学省の「小学校英語活動実践の手引」等を活用し、英会話学習担当教員の指導者となる教員の研修を重点的に実施する必要がある。また、これらの教員を核に、各地域や校内等において英会話学習担当教員やALTを対象として、小学校英語の意義、理論、指導方法等についての研修を推進する必要がある。

小学校における英会話学習では音声を使った体験的な活動が重要であることから、ALTの小学校への派遣を充実することが特に重要である。これに加えて、海外勤務経験のある者、留学生等を特別非常勤講師やボランティアとして積極的に小学校で活用しティームティーチングを実施することが必要である。

中学校の英語担当教員が、小学校英語の意義、理論、指導方法等について研修を深め、小学校英語への支援・協力ができるようにすることも必要である。また、小学校での英会話学習と中学校の英語学習の連携を図るため、地域における合同の校内研修や研究会を設けることが望まれる。

このほか、大学の教職課程では、小学校での英会話学習にも配慮して教育内容の充実を図ることも求められる。

3　小学校における今後の英会話学習の在り方

本懇談会では、小学校における英会話学習について様々な視点から意見交換を行い、小学校での英会話学習の導入については、教師が一方的に教え込むような方法を避け、子どもたちが楽しみながら英語や異なった文化に触れて興味や関心を持ったり、言語に対する豊かな感性を養ったりするような形で実施すべきであるということで意見が一致した。

本年度より、「総合的な学習の時間」における英会話学習は多くの小学校ですでに始まっているところであり、この取組が円滑に行われるよう、以上に述べた支援策を講じることが重要である。また、今後、中学校の英語の授業では、このような小学校の英会話学習の進展状況に対応して、グループ別指導など個に応じた指導の工夫をより一層徹底することが必要になると考えられる。このため、小・中学校間での連携や情報交換を一層進めることが大切である。

今後、小学校における英会話学習の在り方については、「総合的な学習の時間」における実施状況について詳細な調査・分析を行うとともに、研究指定校を設け、

> その在り方について研究を行う必要がある。さらに、研究開発学校における研究実践、子どもの言語習得の特質などを踏まえつつ、教科としての英語教育の可能性等も含め、今後も積極的に検討を進める必要がある。（下線は筆者による）

　この報告書では、小学校英語について特に最後の部分で「教科としての可能性も含め、今後も積極的に検討を進める必要がある」と結論づけられ、そのことが大々的に報道されました。慎重な言い回しながら、「教科化」に向けて一歩踏み込んだという論調が多かったように思います。しかし、報告書全体としてはむしろ、（小・）中・高・大一貫性のある英語教育の重要性が確認されたこと、日本人に求められる英語力が、国民全体に求められるものと、専門分野に必要な英語力とに分けて考えられたことが、大きな特徴と言えます。

　この最終報告に先立つ2000（平成12）年秋には（財団法人）英語教育協議会（ELEC）のプロジェクトチームが政策提言「英語教育の目標および目標達成の方策」を発表しました。この中では、

> ① 英語教育の目標を国民一般のレベルでは、最低限、高校卒業時点で現行の中学校3年間で習う範囲の英語（英検3級程度）の定着を目指す。
> ② 仕事上英語を必要とする人々には上記の基礎力を踏まえて、より高度な運用力を身につけるような教育を実現する。

として、上級公務員には英検1級程度を入省10年以内に身につけることを義務化するなどの具体的な目標設定を提案しています。このプロジェクトチームの座長である金谷憲・東京学芸大学教授は、先の「英語指導方法等改善の推進に関する懇談会」の委員でもあり、日本人に求められる英語力を、国民全体に求められるものと、専門分野に必要な英語力に分けて考えるという報告書の方針決定に、重要な役割を果たしたと推測されます。

　そして、一貫性のある英語教育の構築に向けて、学校における外国語教育の中の、高校段階、中学校段階、そして小学校段階というふうに、小学校英語がはっきり位置づけられ始めたと言えると思います。

　実は、筆者はこの懇談会の第3回目に日本児童英語教育学会（JASTEC）のメンバーとして呼ばれ、「英語指導方法に関するヒアリング」で参考意見を聴取されました。

　この日は、JASTEC以外にもELECやGDM英語教授法研究会、語学ラボラトリー学会（当時：現在はLET）などの英語教育関連団体に対して、「英

語指導方法に関するヒアリング」が行われました。それぞれの持ち時間は15分ほどの短いものでしたので、私の場合は、小学校英語に限定してお話ししました。研究開発学校での実験の成果、公立小学校での英語活動実施上の課題として特に指導者に関するデータを中心に説明し、小学校への英語教育の導入には、条件整備が必要であること、理念を明確にした長期的、一貫性のある計画が必要であることを提言として述べました。

この第3回懇談会の時点では、児童英語の専門家である久埜委員、仲田委員を除いて、多くの委員には小学校英語のことについてあまり予備知識がないという印象を持ちました。審議経過報告によれば、その後、久埜委員による「小学校における英語教育」というプレゼンテーションや小学校視察（神奈川県横浜市立豊岡小学校、東京都文京区立千駄木小学校）が行われたようです。

この懇談会は、2002（平成14）年になって形を変え、再び開催されることになりました。英語教育の充実策について有識者らの意見を聞く「英語教育改革に関する懇談会」です。1月21日には元国連事務次長の明石康氏や槇原稔三菱商事会長、ウイリアム・カーリー上智大学長など英語を使って世界的に活躍している各界有識者を招いて初会合が開催されました。2002（平成14）年1月25日付の『内外教育』によれば、インターネットを利用した学習や小学校での本格的な英語教育、大学入試でのヒアリングテスト導入のほか、交換留学の促進などの提案があったとのことです。懇談会の趣旨に「学校教育全般を通じた、国民の英語によるコミュニケーション能力の飛躍的な向上を目指して」とあります。英語教育改革の方針は目に見える成果を求めて一段とエスカレートし、後に述べる「『英語が使える日本人』の育成のための戦略構想」に発展していきました。

5.「地域ですすめる子ども外国語学習の推進」事業

1999（平成11）年8月30日付の『朝日新聞』は、朝刊の一面トップに「児童の英会話 塾に土日委託」という見出しで、2000（平成12）年度概算要求に「地域ですすめる子ども外国語学習の推進」事業が盛り込まれたことを報じました。生涯学習局（当時：現生涯学習政策局）の2000年度予算概算要求総額は455億2,900万円で、予算要求は4つの柱からなっていました。

第一の柱は「全国子どもプラン（緊急3ヵ年戦略）の計画的推進」
第二の柱は「生涯学習新ネットワーク化計画の推進」
第三の柱は「学校の生涯学習機能の拡充」
第四の柱は「生涯学習基幹施設の整備推進」

です。このうち、第二の柱の主要5項目中の2番目「現代的課題の学習機会の充実」の中の新規事業として、「地域ですすめる子ども外国語学習の推進」（1億8,900万）が打ち出されたのです。

　正確には次表で示すように、「地域ですすめる子ども外国語学習の推進」は「地域における子どもの外国語学習支援」と「異文化交流体験学習事業」の二つから成るものです。前者は、市町村などが主体となって実施協議会を設立し、小学生に学校外でも外国語を学べる機会を提供しようとするもので、4年生から6年生が対象、週1回1講座20人程度を想定して、全国100箇所に委嘱するとしています。プログラムの企画・実施には外国語学校やインターナショナルスクール、カルチャーセンター、英語塾にも参加してもらうということで、新聞のような見出しになったものです。後者の「異文化交流体験学習事業」は、いわゆるインターナショナルキャンプのことで、地域在住の外国人と1泊2日で国際理解を深めるのがねらいです。20箇所で100人規模のキャンプを年2回実施するとしたものです。

表3　平成12年度概算要求事業　　　　　　　　　　　　　　（1999年9月21日現在）

「地域ですすめる子ども外国語学習の推進」事業について
1　趣旨 　　国際化の進展に対応して、子どもたちの外国語コミュニケーション能力を培い、国際理解を深め、国際化時代に対応できる人材の育成に資するため、子どもたちを対象に地域における外国語学習推進のための事業を実施する。
2　事業形態 　　委嘱事業
3　事業内容 　（1）地域における子どもの外国語学習支援事業 　　　公民館、外国語学校、インターナショナルスクール、カルチャーセンター、外国語塾等の地域の学習機関を活用し、子どもたちが外国語の学習に取組めるようなプログラムを企画・作成し、地域ごとにモデル事業を実施する。 　　　・対象者：小学校4〜6年生、2,500人（500人×5地域） 　　　・地区数：各県5地域 　　　・受講回数：週1回（土・日曜日）、年間35回

第2章　公立小学校への英語学習導入をめぐるこれまでの経緯

(2) 異文化交流体験学習事業
　　子どもたちが地域に在住する外国人やその子弟等とともにキャンプを行い、国際理解を深める。
　　・規模：1泊2日程度を2回程度
4　経費等（国 1/2、参加者負担 1/2）　　　＊金額は、国の委嘱事業経費を掲載
(1) 地域における子どもの外国語学習支援事業
　　7,066 千円（参加者 500 人×5 地域＝ 2,500 人）
　　・謝金：　　　　6,381 千円
　　・旅費：　　　　　299 千円
　　・会議費：　　　　116 千円
　　・印刷製本費：　　270 千円
(2) 異文化交流体験学習事業
　　2,419 千円（1泊2日程度を2回程度）
　　・謝金：　　　　　594 千円
　　・旅費：　　　　　618 千円
　　・会議費：　　　　 21 千円
　　・印刷製本費：1,070 千円

　これは一方で文部省が新しい学習指導要領のもとで「総合的な学習の時間」を活用して、国際理解に関する学習の一環として外国語会話等に慣れ親しませるという方針を出している中では、たいへんセンセーショナルで、白畑（1999）に代表されるように、一体文部省は何を考えているのだという反応を招きました。前述の新聞記事は、

> 文部省は、小学生の英会話教育を英語塾などに委託し、費用を補助する制度を始める。…（中略）…「日本の英語教育は『読み書き』に偏りがち」という反省に立っての施策だが、文部省が長年「敵視」してきた塾に教育をゆだねるのは初めて。……」

とリード部分で述べ、今回の試みは、塾敵視から協調への方針転換後、第一弾の施策だと論評しました。この表現は完全な誤りではないにしても、誤解を招くに十分ではありました。

　文部省は 2000（平成 12）年 3 月 14 日に、「地域ですすめる子ども外国語学習の推進」のための調査研究会（座長は山本恒夫・筑波大学教授・当時）を発足させました。4 月 10 日の第 3 回会議で推進指針案をまとめ、5 月 11 日には「地域ですすめる子ども外国語学習」推進指針の策定についてという報道発表がなされました。同時にモデル事業を 25 都道府県の 29 協議会が始めると発表しました。その後追加があり、計 32 団体が委嘱を受けました。

計画に示された事業概要を見ると、扱う外国語は英語が中心ですが、千葉県習志野市では、

> アジア、アフリカ、中南米等の日本となじみの少ない国・地域を対象に外国語学習の他、諸外国の歴史、文化を学び、国際理解を深める

ことを計画しています。また島根県松江市では、

> 地元ボランティア団体や留学生との交流、松江市にゆかりのある小泉八雲の作品等を通して語学、国際交流・国際理解を推進するとともに、地域の人々との交流を通して地域の理解を深める

新潟県佐渡郡国仲では、

> 国際トライアスロン大会、ロシア民族舞踊団、外国人花嫁の会など、既存の国際事業や地域の国際ボランティア団体などを活用しながら、多様な国々の生活や文化に触れる事業を展開する

としていて、それぞれ地域の特性を考慮したプログラムが組まれています。また岡山県の吉備路子ども外国語学習推進事業の計画には、

> この事業を事例集にまとめ、総合的な学習の時間等におけるテキストとして活用する予定

とも述べられています。

指針では、指導内容や方法、教材などについて助言する有識者による指導相談制度をつくることも提言し、東後勝明早稲田大学教授ら4人からなるアドバイザーシステムもスタートすることになりました。

事業内容の詳細については、平松（2001）が愛知県西春日井郡西春町における「西春町地域ですすめる子ども外国語学習事業：ハロー、キッズ！」を報告しています。西春町は名古屋市北西部に隣接し、濃尾平野のほぼ中央に位置する人口33,500人の町です。事業実施のための推進協議会は、教育委員会教育長、事務局長、町内小学校2校の校長、町内小学校2校のPTA会長、民間教育事業関係者2名のメンバーで構成されました。

受講対象者として、町内5つの小学校の3年生から6年生を募集し、約120名が参加しました。文化勤労会館と白木小学校の2会場を使い、2000（平成12）年11月から翌2月までの土曜日計15回の授業が実施されました。

各会場に、3、4年生の合同と5、6年生の合同クラスを各1クラス設置し、それぞれ日本人講師中心のクラス40分、外国人講師中心のクラスを40分行

いました。日本人講師としては、すでに公立小学校で英語講師をしている人、労働省の緊急雇用対策により名古屋市内の公立小学校で英語講師の経験がある人、地域の英会話学校や家庭で英語を教えている人が確保されました。外国人講師としては、名古屋市在住のメキシコ人1名とアメリカ人1名に依頼することができました。

以下は、そのカリキュラム表です。

表4 カリキュラム表アウトライン

回	日本人講師	外国人講師
1	講師自己紹介・グループ分け 日本語で授業のルール説明 おはじきチャンピオン あいさつの歌 TPRゲーム	講師自己紹介 講師の出身国についての紹介 名札作り TPRゲーム Head, Shoulders, Knees, and Toes
2	名前の歌 名前伝言ゲーム おはじきチャンピオン Head, Shoulders, Knees, and Toes サバイバル英会話　あいさつ	自己紹介 グルーピングゲーム 数字の歌とゲーム TPRゲーム
3	名前の歌 会話（機嫌を聞く・答える） 数字の歌とゲーム 数字の歌（中国語、韓国語、日本語、英語） トレインゲーム	リバイバル英会話　カードかるた取り 会話とジェスチャー ジェスチャーゲーム TPRゲーム 色
4	会話（機嫌を聞く・答える） 電話番号伝言ゲーム どこの国から来ましたか？ゲーム 動物と国旗	会話（機嫌を聞く・答える） 国旗あてゲーム 色あてゲーム TPRゲーム
5	クリスマスの歌と手話 数字の歌（中国語、韓国語、日本語、英語） 会話（どこの国から来ましたか？） 動物と国旗　復習	オープンクラスの招待状作り クリスマスにちなんだ言葉、単語 Hokey Pokeyの歌 TPRゲーム

6	クリスマスの歌と手話 会話（どこの国から来ましたか？） 動物と国旗 英会話総復習	クリスマスにちなんだ言葉、単語 Hokey Pokey の歌 Go Fish カードゲーム TPR ゲーム
7	第一回授業参観日 サンタじゃんけん 会話（保護者と一緒に今までに行ってきた事の復習ができるゲーム）	第一回授業参観日 クリスマスにちなんだ単語のビンゴ クリスマスのクイズ Hokey Pokey の歌
8	ペットを飼っていますか？ ペットの単語と文の練習 しあわせなら手をたたこう	何を食べるのが好きですか？ 食べ物の単語と文の練習 アルファベットチャンツ
9	ペットを飼っていますか？ゲーム 会話（感謝・謝辞） 会話練習ゲーム トレインゲーム	何を食べるのが好きですか？ゲーム 食べ物の単語と文の練習 アルファベットチャンツ しあわせなら手をたたこう
10	ショッピングゲーム導入 Mary Wore Her Red Dress の歌 Show and Tell の練習 What's your name? 　My name is ... Where are you from? 　I'm from ... What do you like to eat? 　I like ... Do you have a pet? 　Yes, I do. I have a dog.	食べ物チャンツ 　カタカナと英語の発音を比べるチャンツ 食べ物ゲーム アルファベットチャンツ しあわせなら手をたたこう
11	Mary Wore Her Red Dress の歌 　誰が何を着ているかな？ 　わたしは誰でしょう？ゲーム 　誰が何をもっているでしょう？	ショッピングゲーム練習 Show and Tell の練習のゲーム What's your name? 　My name is ... Where are you from? 　I'm from ... What do you like to eat? 　I like ... Do you have a pet? 　Yes, I do. I have a dog.

第2章　公立小学校への英語学習導入をめぐるこれまでの経緯　35

12	できる？できない？の導入 　バドミントン、フルート、あみもの、口笛、スナップ、一輪車、縄跳び、サッカー等 ショッピングゲーム練習	会話　トイレに行ってもいいですか。お水もらえますか。仲間に入れて。等 身につけるものの名前 TPRゲーム
13	できる？できない？の練習 　バドミントン、フルート、あみもの、口笛、スナップ、一輪車、縄跳び、サッカー等 ショッピングゲーム練習 伝言ゲーム（かず＋色＋動物）	会話　いままでの会話表現の復習とゲーム TPRゲーム Show and Tell の練習のゲーム What's your name? 　My name is ... Where are you from? 　I'm from ... What do you like to eat? 　I like ... Do you have a pet? 　Yes, I do. I have a dog.
14	身につけるものの名前 動物の復習 色の復習 数字の復習 できる？できない？の復習	できる？できない？の復習 　バドミントン、フルート、あみもの、口笛、スナップ、一輪車、縄跳び、サッカー等 ショッピングゲーム練習
15	第二回授業参観日 1時間目　それぞれのクラスにそった内容で個性的なレッスンを行った。 　　1. Show and Tell で、皆の前でスピーチをする 　　2. 英語の指示に従って、言われた通りに動く 　　3. 英語の歌を歌う 　　4. 会話ゲームを保護者と一緒にする 2時間目　全員の合同修了式を行った。	

（「西春町地域ですすめる子ども外国語学習事業報告書2001」より）

　もう一箇所、愛知県犬山市の「犬山市地域ですすめる子ども外国語学習推進事業：ハロー、キッズ！」も紹介しましょう。犬山市は人口約7万人のうち、1,300人あまりの外国人が在住しており、国際理解教育にも熱心で、文部省のこの新規事業にも真っ先に名乗りをあげたものです。事業実施のための協議会のメンバーは、

学校教育関係者として
　　犬山市小中学校校長会会長
　　犬山市小学校教務主任
教育委員会等行政関係者として
　　犬山市教育委員会生涯学習課 公民館主事
　　犬山市小中学校 PTA 連合会長
学識経験者として
　　元犬山市小中学校校長会会長
企業・民間教育関係者
　　NPO（特定非営利活動法人）教育支援会中部地区代表
犬山市教育委員会生涯学習課長、他

　協議会会長には元犬山市小中学校校長会会長が、事務全般は犬山市教育委員会生涯学習課公民館主事が担当しました。
　「ハロー、キッズ！」は「外国語学習プログラム」と「体験学習プログラム」の2つから成っています。まず8月に1泊2日で「体験学習プログラム」が実施されました。「外国語学習プログラム」参加予定者の小学生27名と保護者5名が参加して、英語を使った様々なアクティビティ、スポーツなどを楽しみ、また全員で外国の料理を作りました。
　「外国語学習プログラム」のほうは、9月第1週の土曜日から12月第2週の土曜日まで毎週土曜日全15回の日程で、公民館、勤労青少年ホームなどの4会場で実施されました。3、4年生クラスと5、6年生クラスの2講座それぞれ、1回40分×2ずつです。参加者は市内10校の小学校から3、4年生が141名、5、6年生が67名の合計208名が参加しました。4会場とも、オーストラリア、ニュージーランド、カナダなど英語圏出身の外国人指導者と日本人指導者がペアを組んで指導にあたりました。
　講座の内容に関しては、前半40分の外国人講師によるレッスンでは「聞く・話す」を中心とした応答練習、語彙の導入、身体表現により内的言語を育てるTPR、歌、レッスン内容と連動したゲームが行われました。後半40分の日本人講師中心のレッスンでは、前半の内容をペアレッスンなどドリル形式で、子どもたち同士で実際に使えるように導いたり、英語での自己表現活動を行いました。また、挨拶、スポーツ、気候など毎回テーマを決めて、異文化理解につながるアクティビティやクイズ、ゲームなどを楽しみました。
　西春町や犬山市の事業概要からは、冒頭の新聞記事にある「塾に外国語学習を委託」というような単純な内容ではないことがわかります。

第2章　公立小学校への英語学習導入をめぐるこれまでの経緯　37

　文部省が直接、塾等に事業委託をしたわけではなく、文部省生涯学習局と、実施団体との間にはNPO（特定非営利活動法人）教育支援協会が介在しています。教育支援協会は1997（平成9）年に、文部省の打ち出した教育改革を民間レベルで広げていこうとする民間の教育関係者が集まって設立された任意団体で、その後NPO（特定非営利活動法人）化されたものです。海外子女支援事業や、教育講演会の開催のほか、文部省生涯学習局関係の事業である「全国子どもプラン」、野外体験学習「グローバルキッズクラブ」などに協力してきました。国際理解教育（英会話）民間協力事業としての今回の「地域ですすめる子ども外国語学習の推進」事業にも、教育支援協会の会員であるいくつかの私塾が参加し、とりわけ松香フォニックス研究所の会員ネットワークが中心的な役割を果たしました。

　この事業はその後も継続され、2002（平成14）年度には北海道から沖縄まで全国で65地域に委嘱されています。そのうちのひとつ、東京都三鷹市の「みたかハロー・イングリッシュ・クラブ」の例が、『内外教育』（2002年11月26日号、pp. 12–13）に紹介されています。事業運営は学校関係者やPTA代表などから組織される協議会方式で行われる点は、前述のケースと同様ですが、立案にあたった三鷹市教育委員会高橋武郎指導室長へのインタビューからは、

> 将来的には、構造改革特区の指定を受けて、市全体をいわば英語教育特区とでもいうような形にすることも考えています。

という発言からもわかるように、地方自治体教育行政が、小学生への英語教育を重要課題として位置づけ、従来の学校教育の枠を越えてとらえようとしていることがうかがえます。三鷹市では現在、市立小学校全校で、総合的な学習の時間に英語活動を年間15時間実施していますが、それと並行して行う「ハロー・イングリッシュ・クラブ」については、カリキュラム、教材、指導者を民間の語学専門学校「NOVA」にいわばアウトソーシングした形になっています。

　2002（平成14）年4月からの完全学校週5日制の実施に向け、数年前から、土日の子どもたちの受け皿としての地域の教育力を高めるため、文部科学省生涯学習政策局が所管する様々な事業が計画されてきました。「地域ですすめる子ども外国語学習の推進」事業は基本的には、そういった性格の事業の先駆けだったと考えられます。学校、行政、民間の協同事業として、ま

さに学校、家庭、地域の連携のもとに行われる教育の第一歩としての意味もあるでしょう。

しかし小学校への英語導入との関わりで見た場合、多くの公立小学校が「総合的な学習の時間」で英語を取り入れようとしているこの時期に、この事業を開始したことが、意図的であったかどうかは別として、複雑な影響を与えることになったと思われます。小学校での英語活動開始にあたり、英語を教えるための教員養成や研修の体勢が十分整わないうちに、いくつかの自治体では、学校英語教育への民間人の活用、もっと言えば民間人への英語授業の委託へと道を開く大きなステップが踏み出されたと考えられるのです。例えば、西春町では、この事業に参加した日本人ボランティアの研修、さらに公立小学校への派遣という展開が見られますし、学校の英語学習カリキュラム設計への参加も始まりつつあります。

また小泉内閣のもとで、「官から民へ」の構造改革路線が推進され、構造改革特区が登場する中で、小学校での英語教育を特区の目玉にしようとする提案も見られるようになってきました。地方自治体が独自に公教育へのニーズを模索することにより、「開かれた学校づくり」「学校と地域との連携」という時代のキーワードにさらに「学校機能のアウトソーシング」という新しい要素が加わることになりました。このことが小学校への英語教育導入問題をさらに複雑にしていくのか、有効な支援策として展開し得るのか、結論はまだ先のようです。

6. 小学校英語活動支援のための施策の展開

新学習指導要領が告示され、その移行措置期間に入った2000（平成12）年から翌年にかけて、以下のような「小学校英会話学習支援」のための施策が次々に実施されました。

① 小学校における英会話指導の手引の作成
② 小学校教員の英語活動研修講座
③ 特別非常勤講師配置事業費補助
　（報酬及び交通費の1/3補助、約1,000人分）
④ 緊急地域雇用特別交付金を活用した小学校英会話学習の支援
⑤ 「地域ですすめる子ども外国語学習の推進」のための調査研究の実施
⑥ 「小学校の英語教育」に関する研究開発学校の指定

第2章　公立小学校への英語学習導入をめぐるこれまでの経緯　39

　このうち、②と③は2001（平成13）年度新規事業でした。
　これらの施策は直接的には小学校で始まる「総合的な学習の時間」などでの英語活動に対するものと言えますが、同時期に進行した外国語教育の充実を目指した諸施策の一環を成すものと考えられます。特に、前述の「英語指導方法等改善の推進に関する懇談会」の報告書が出た後は、小学校への英語導入問題を独自に扱うというより、報告書の冒頭にあるように、「各学校段階を通じた一貫性のある英語教育」を求めるという姿勢が明らかになったと思われます。日本人に求められる英語力の育成をまず考え、そのための学校における外国語教育、中・高校の外国語教育、そして小学校段階での学習というように、英語教育の全体構造を考え、その中に小学校の英語教育を位置づけるという方向です。
　このような全体構造改革の方針と、同時期に発生した学力低下問題により、小学校への英語教育導入論議は一時的には沈静化したかのように見えました。しかし、「一貫性のある英語教育」という構造改革の一部として扱われることは、将来の「教科化」へ向け一定のレールが敷かれたとも見えるのです。
　その後の関連ある施策のうち、特に人的支援策としてここでは二つを取り上げてみたいと思います。ひとつは、「JETプログラム基本問題検討会報告書」（2001年10月）（JETプログラム（Japan Exchange and Teaching Programme: 語学指導等を行う外国人青年招致事業））による小学校の国際理解教育の充実へのALTの貢献策です。1987（昭和62）年に発足以来15年が経過したJETプログラムについては、2000（平成12）年10月から2001（平成13）年9月まで基本問題検討委員会（座長：山本正・（財団法人）国際交流センター）が、現状と課題・改善策について検討を行いました。この中で、小学校の国際理解教育の充実のため、中・高配置のALTの活用、小学校専属ALTの配置、小学校英会話研修でのALTの活用が提案されました。また、外国語教育全般におけるALTの役割の増大が認識され、小学校でも月2回程度の派遣を目標にしたいとの方針が出されています。JETプログラムによる小学校英語活動専属のALTについては2002（平成14）年度になって、これまでの活動実績を重要視した上で、来日4年目の20人が配置されました。
　もうひとつの人的支援策として、教員免許状の総合化・弾力化があります。
　2001（平成13）年4月に中央教育審議会は、文部科学大臣から「今後の教員免許制度の在り方について」の諮問を受け、

① 教員免許状の総合化・弾力化
② 教員免許更新制の可能性
③ 特別免許状の活用促進

について審議を行ってきましたが、2002（平成14）年2月21日に最終答申をまとめました。この中で小学校における英語活動との関連で特に注目すべきなのは、①の免許状の総合化・弾力化の方向性とその具体的方策です。中間報告では、学校種別に区分されている教員免許状が、幼児・児童・生徒の発達状況に必ずしも合わない面が生じていること、幼児期から高等学校段階までを一貫したものととらえて指導を行うため、各学校段階間の連携への対応が求められているとの指摘が示されています。

そして早期に対応すべき課題として、新しい教育課程への対応を挙げて以下のように述べています。

> また、平成14年度から小学校において本格的に実施される総合的な学習の時間においては、国際理解、情報、環境、福祉・健康その他の課題について多様な学習活動が行われる。総合的な学習の時間を実施する上では、地域の人々など多様な人材の活用が求められており、その一環として、各学校の必要に応じ、専門性の高い教員を活用していくことが重要である。<u>例えば、国際理解に関する学習の一環として外国語会話等の学習活動を行ったり、情報に関する学習を行ったりすることも考えられるが、小学校の教員は養成段階で専門的にこれらを学んでいないなど、小学校の各教科に含まれていない分野を指導できる教員の確保なども検討課題と考えられる。</u>
>
> したがって、小学校における専科指導等の拡充を図るための措置を講ずる必要がある。なお、小学校教員が中学校で自己の得意教科を教授したり、中学校教員が高等学校で教授することも有効な方策であるが、1.（3）で述べたように、小学校63.0％が中学校免許状を保有しており、また、中学校76.0％が高等学校免許状を保有する状況にあることから、当面は、複数免許状を保有する教員の活用により対応することが可能であると考えられる。（下線部は筆者による）

そして、具体的方策として、中学校免許状等による小学校専科担任の拡大が以下のように提案されています。

> 1. で述べたとおり、現在、当分の間の措置として、音楽、美術、保健体育又は家庭の教科について中学校の教諭の免許状を有する者は、それぞれその免許状に係る教科に相当する教科の教授を担任する小学校の教諭又は講師となることができることとされている（免許法附則第3項）。この規定については、免許法制定当初は、これらの教科を担任できる教員が不足していたことから当分の間の措置

第２章　公立小学校への英語学習導入をめぐるこれまでの経緯　41

> として規定されたものであったが、当分の間の措置とする現在の免許法附則第3項を、相当免許状主義の原則は維持しつつ小学校における専科指導の拡充の観点から見直し、分野の限定等を撤廃し、例えば、中学校又は高等学校理科免許状を有する教員が小学校の理科を、中学校又は高等学校数学免許状を有する教員が小学校の算数を担任できるようにするなどの措置を行う。
> 　また、<u>中学校又は高等学校外国語免許状や高等学校情報免許状を有する教員などが小学校の総合的な学習の時間で教授できる方策を検討する</u>。（下線部は筆者による）
>
> 　注）相当免許状主義：現行の教員免許制度は、教育職員免許法（以下、免許法という）に規定され、学校種別（小学校、中学校、高等学校、幼稚園、盲学校、聾学校、養護学校）に区分されており、中学校および高等学校は、教科別（国語、数学、理科等）に区分されています。教員は免許法により授与される各相当の免許状を有するものでなければならず、これがいわゆる「相当免許状主義」と呼ばれているものです。つまり、小学校の教員であるためには小学校免許を持っていなければならず、中学校で英語を教えるためには中学校英語の免許状を持っていなければならないというわけです。

　この答申に見られる基本方針は小学校における英語活動の実施とその後の方向に少なからぬ影響を与えるように思います。現在、小学校では、学級担任ができる限り子どもたちと触れあい、一人ひとりの子どもを理解することが重要であることから、「学習集団」と「生活集団」を一致させた全教科担任制をとっています。小学校への英語導入にあたっても、学級担任の役割を重視し、その特色を生かした指導のあり方が工夫されてきましたが、この中間報告で示された小学校における専科指導の拡充という方向性は、今後論議を呼ぶことでしょう。専科指導といえば聞こえはいいのですが、中・高の英語教員を小学校に配置するということは、ある意味で最も安直な解決策であり、それによって小学校英語活動のための教員養成や研修の充実が後退するのであれば、小学校への英語導入が目指したものの実現はとてもおぼつかないのではないでしょうか。

　このあと、2002（平成14）年5月に教育職員免許法は改正され、実際に中学校または高等学校の教諭の免許状を持っている者が、小学校の相当する教科及び総合的な学習の時間の授業を担当することができるようになりました。

第3章 続く賛成・反対論議

　この10年間に、実際に公立小学校における英語教育がどのように行われてきたかとは別に、この問題をめぐる推進あるいは賛成派対慎重派あるいは反対派の論議は依然として続きました。筆者も前著（1997）を出版して以来、この論議に巻き込まれないわけにはいきませんでした。ここでは、筆者自身が関わった2つのイベントについて述べて、小学校英語教育をめぐる論点を整理したいと思います。

1.『BS討論：どうする小学校の英語』（2000年）

　2000（平成12）年5月6日（土）午後9時50分から11時まで、NHKテレビ衛星第一放送で『BS討論：どうする小学校の英語』が放送されました。司会はNHK解説委員の平野次郎氏で、論者は私を含めて4人。『0歳児がことばを獲得するとき』などの著作もある比較行動学者、正高信男氏（京都大学霊長類研究所助教授）。ハンガリー生まれで12か国語を話し、大道芸でも有名な数学者ピーター・フランクル氏。元経済企画庁長官で、『英語オンチが国を亡ぼす』などの著書もある寺澤芳雄氏（ローン・スター・ジャパン会長）。そして私です。

　正高氏とフランクル氏は小学校での英語学習には反対ないし否定的で、寺澤氏と私は、小学校での英語学習を積極的に支持するという立場でした。

　途中、大阪府河内長野市天野小学校の英語の授業風景もビデオ映像で流されましたが、全体としては日本人にとって英語は必要か否か、小学生が英語を学ぶことの意味といった一般的な議論にとどまったように思います。私としては、いま小学校で始まりつつある英語学習の実像を伝えていきたいと思っていたのですが、なかなか話をその方向に進めることができませんでした。小学校で現実に英語活動に取り組んでいる実践者の意図や努力、その授業を受けた小学生たちの実態などを棚上げした論議には、やはり空しさが残りました。十分意を尽くせないことがわかっているテレビ番組に出て、「識者」という能天気なポジションを唯々諾々として務めたナイーヴな自分自身

にも、腹が立ち、この後遺症は長く残りました。

　このBS討論における反対派の意見は、大きく言えば二点です。ひとつは小学校では国語のほうが大事だという意見です。従来から、小学校での英語学習に反対ないしは慎重な方々の最大の論拠は、「小学校では母語教育が先だ」というものです。週休2日で全体として授業時間が減る上に、「総合的な学習の時間」が導入されると、国語など大事な基礎学力がますます低下するという懸念です。基礎学力低下議論は、ひとまず置いておくとして、週1時間程度の英語学習で、国語力が落ちるとは思えません。国語の授業時間は減ったといっても、低学年ではまだ全体の3分の1ほど占めていますし、他教科の時間はすべて日本語で進められています。問題は、週1時間ほどでしかない英語活動をどう進めていくかであって、少ないパイを教科同士で取り合っても仕方ないと、私は番組では主張しました。

　反対論のもうひとつの主張は、外国語学習は中学校からでも決して遅くない、もっと遅くてもよい、学びたいというモティベーションこそ大切であるというものでした。外国語学習は学習者が学習の必要性を動機づけとして強く持つことによって成立するものであるから、元来、個別的であり、動機づけの希薄な小学校段階で一律に行うべき必要はないという認識にもとづくものと思われます。しかし、これは何も外国語学習に限ったことではありません。すべての学習にとって重要な成立要件は動機づけであり、したがって学習とは個別的なものだとすれば、集団で学習する学校教育というもの自体が意味をなさなくなります。

　モティベーションは確かに重要な要素ではありますが、強調しすぎると、問題は限りなく拡散してしまうと思われます。私は番組でも主張したように、小学校での英語学習が、目的を持って楽しく言葉を使うという経験を与えることで、モティベーションに働きかけ、モティベーションそのものを作り出す可能性を検証していきたいと考えます。

　このBS討論出演によって、私の得た教訓は一つです。小学校英語によって子どもたちの内面と行動にどのような変化がもたらされるかを、実際に示すことでしか、「反対派」を説得することはできないということです。

2. 慶應義塾大学シンポジウム「公立小学校での英語教育をめぐって」(2003年)

　シンポジウムは、2003（平成15）年12月6日（土）に慶應義塾大学三田キャンパス北館ホールを満員にして行われました。このシンポジウムは、大津・鳥飼（2002）で小学校での英語教育に明確に反対の意を表明した慶應大学教授・大津由紀雄氏の企画によるもので、慶應義塾大学21世紀COEプログラム「心の解明に向けての統合的方法論構築」の活動の一環として行われたものです。

　当日は、公立小学校での英語教育に賛成ないし推進の立場で大東文化大学教授・冨田祐一氏、慶應義塾大学教授・唐須教光氏と筆者、反対・慎重の立場で大津氏と立教大学教授・鳥飼玖美子氏がそれぞれ20分の発表を行いました。大津氏が全体の司会も行いました。それぞれの演題と登壇順は以下のとおりです。

発表1　鳥飼玖美子（立教大学）
　　　「小学校英語教育――異文化コミュニケーションの視点から」
発表2　冨田祐一（大東文化大学）
　　　「国際理解教育の一環としての外国語会話肯定論：競争原理から共生原理へ」
発表3　松川禮子（岐阜大学）
　　　「『小学校英語活動』の現在から考える」
発表4　大津由紀雄（慶應義塾大学）
　　　「公立小学校での英語教育――必要なし、益なし、害あり、よって廃すべし」
発表5　唐須教光（慶應義塾大学）
　　　"Who's afraid of teaching English to kids?"

　それぞれの発表が終るごとに、5人の論者が全員登壇して質疑応答を10分ずつ行いました。5人の発表が終ると、2人の指定討論者が20分ずつコメントしました。京都市総合教育センター直山木綿子氏とつくば言語技術教育研究所の三森ゆりか氏で、前者が賛成派、後者はどちらかといえば慎重派ということになります。最後に全員が登壇して、フロアとの全体討論が行われました。ここではディスカッサントである英国エジンバラ大学特任客員教授・国弘正雄氏がコメントされました。

　延々5時間半程の熱のこもった討論で、公立小学校における英語教育をめ

ぐる根源的な問題がまともに議論された貴重な機会だったと思います。しかしそれでもなお、これは本格的な議論の出発点だったと言うべきでしょう。詳しい内容はいずれ単行本として出版される予定ですので、ここでは省略しますが、筆者が発表の中で明確にしたかった論点を挙げておきます。

筆者は、「『小学校英語活動』の現在から考える」というタイトルを掲げたことからもわかるように、単なる「あるべき論」でなく、あくまで現実に小学校で行われている英語活動をベースにした上で、公立小学校における英語教育の問題をとらえようと考えました。

論点1　「公立小学校への英語教育導入」の意味はどこにあるのか？

公立小学校への英語教育導入の基礎理念には、大きく二つの異なる考え方があると考えています。ひとつは、日本人の英語力改善を目的とした英語教育の改革の切り札として見る考え方です。もうひとつは、小学校教育課程の新しい枠組みづくりの一環としての見方です。小学校に英語を導入することに賛成する人も反対する人も、多くは前者の見方をしています。その上で、英語教育の改善にとって、小学校英語教育が有効か否かという論議がなされています。

筆者は基本的には後者の立場から、公立小学校への英語教育の導入を肯定的にとらえていて、この問題を 'how to teach English' の問題というより、「小学校教育の充実」という問題だと考えているのです。つまり小学校から教えることが英語学習にとって効果的かどうかという「英語」教育論ではなく、「小学校」教育論として考えています。小学校英語教育が一般的に日本人の英語力を上げるために是か否かという論議ではなく、小学生の学びにとってどういう意味を持つのかということが論点だと思うのです。発表では、そのことを明示しました。しかし、討論の中で大津氏から指摘されたように、小学生の学びにとっての意味をより明確にする必要があると思います。

論点2　いま行われている「小学校英語活動」をどう評価するか？

論点1に挙げた立場の違いをもとにすれば、小学校英語活動に対する現状認識には、論者の間で大きな違いがあります。現状では効果が上がらないどころか、取り返しのつかない知識や技能を身につけさせる危険性が高いという反対論に対して、「英語力のある教師が教えるべき」という「正論」を超えたところから生まれているものを評価したい、とりわけ、「小学校のいわゆる

普通の先生が英語を教える」という未知の経験が切り拓きつつあるものを評価すべきだと主張しました。本書でも取り上げたいと思うのは正にその点ですが、担任教師の英語活動への関わりがもたらしたものは、子どもと英語との多様な関わりと出会いを創るカリキュラムであり、活動だと思います。

論点3　「小学校英語活動」が突きつける本当の課題は何か？

　小学校英語活動をめぐっては、それ自体の意味や効果もさることながら、はたしてそれが国際理解教育の一環になるのか、英語優越主義や英語話者優越主義を助長することにつながるのではないか、などの問題点も指摘されています。しかし、より根源的には、小学校英語活動が突きつけているのは、日本人が外国語（英語）とどうつき合っていくのかという問題なのではないでしょうか。多和田（2003）が言うように理想化された英語の母語話者を絶対的な基準として、彼らの英語を「本当の英語」とし、それと比べて「うまい、下手」という物差しで見ていく限りは、英語は日本人にとって永遠に特別なものであり続けるでしょう。英語とどうつき合うか、英語をどのように体験するか、英語で何を表現するかには無数の道があります。それを教えてくれたのが小学校英語活動であり、大切なのは、「本当の英語」に近づくことではなく、英語を児童・生徒にとってどういう意味を持つものにしていきたいのかだと思うのです。そのことが結局は、学校英語教育の教育的意味を考えることになるのではないでしょうか。

　このような小学校英語教育に対する慎重論・反対論との対話を通して、現実に小学校の教室で創られている教育実践の多様性を伝えられないもどかしさを、ますます感じています。人間が頭で考える「あるべき論」を吹き飛ばすような、予想もしない現実の豊かさが英語活動の現場にはあり、それこそが、筆者が小学校英語活動の可能性に希望を持つ源泉なのです。

第 II 部

『小学校英語活動実践の手引』の考え方

第1章
『小学校英語活動実践の手引』作成の背景と構成
第2章
『小学校英語活動実践の手引』における基本的な考え方
第3章
『小学校英語活動実践の手引』に対する反応
第4章
アクションプラン
「『英語が使える日本人』の育成のための戦略構想」と
「『英語が使える日本人』の育成のための行動計画」

第 1 章 『小学校英語活動実践の手引』作成の背景と構成

　1999（平成 11）年 8 月に公表された文部省初等中等教育局（御手洗康局長・当時）の 2000 年度の概算要求は、

> 新しい学習指導要領の趣旨を踏まえた「生きる力」をはぐくむ教育推進のため、予算面でも必要な支援を積極的に行っていく。（『内外教育』1999 年 9 月 17 日）

との方針で出されたものです。「国際化の推進」の柱の一つとして新規事業の「小学校英会話授業の手引等の作成」（1,500 万円）が計上されました。ALT（Assistant Language Teacher：外国人指導助手）やこれまで英語に縁のなかった小学校の教員のための手引書や、英会話の指導事例集を作成するための経費であると説明されています。

　そもそも、新カリキュラムにおける「総合的な学習の時間」は、ガイドラインのないところから、各学校がそれぞれ創意工夫してカリキュラム開発をしていくべきものだとされています。前著でも書きましたように、

> 『日本教育新聞』（1997 年 4 月 5 日付）の記事（キーワード）によれば、中教審（中央教育審議会）の審議の過程で一部委員から「総合的な学習の時間」の具体的内容について、「文部省にガイドラインを作ってほしい」という意見も出されたのだそうです。しかし、有馬朗人会長（当時）は、「隣の学校、隣の教室と異なった学習をやってもらいたいのがこの時間」と言って、ガイドライン作成論を一蹴したということです。（松川、1997、pp.17-18）

ということで、英語に関しても教科としてではなく「総合的な学習の時間」の枠で、個々の学校の主体的、自主的カリキュラム開発が望まれたはずですが、ほとんど英語指導の経験がない先生ばかりの小学校にそれを期待するのは無理という世論に負けたということかもしれません。

　とにかくこの予算を受け、2000（平成 12）年 2 月に初等中等局長の裁定で「小学校英会話指導の手引等作成協力者会議」が発足し、3 月に第 1 回の会合が開かれました。この手引作成協力者会議の委員は次ページの表1のとおりで、筆者もその一員に指名されました。座長は宮崎大学教授・影浦攻氏、副

座長は国立教育研究所室長（当時）・渡邉寛治氏でした（職名は2000年7月現在）。

表1

イベット・スローター	熊本県菊陽町教育委員会 外国語指導助手
今井　京	石川県金沢市立南小立野小学校 教諭
小野寺　由起	宮城県塩竈市立第二小学校 教諭
影浦　攻	宮崎大学教育文化学部 教授
金谷　憲	東京学芸大学 教授
久埜　百合	文化女子大学 講師
佐々木　賢	東京都文京区立誠之小学校長
サラ・デーキン	大分県石垣原養護学校 外国語指導助手
坪井　京子	神奈川県横浜市立大正中学校 副校長
トム・マーナー	日本外国語専門学校 講師
松川　禮子	岐阜大学教育学部 教授
渡邉　寛治	国立教育研究所教科教育研究部 外国語教育研究室長

　概算要求では手引書と、ALTのための英会話指導事例集は別個に考えられていましたが、一冊にまとめ、日本語と英語の両方で書くということになりました。会議では「小学校英会話指導の手引」とか「小学校英会話学習ハンドブック」などの名称についても意見交換があり、最終的な名称は『小学校英語活動実践の手引』(Practical Handbook for Elementary School English Activities) に落ち着きました。

　会議は月1回の割で計4回開かれ、原稿が作成された後は座長預かりになりました。その後、文部省による字句の統一や翻訳作業が行われたあと、2001（平成13）年1月に公表され、各都道府県・政令指定都市教育委員会などに配布されました。同年4月以降民間の出版社（開隆堂出版）から刊行され、一般の書店でも入手可能になりました。2003（平成15）年末現在、約11万部発行されているとのことです（図1）。

　小学校の「総合的な学習の時間」などで、これから外国語会話に取り組む先生方の参考に

図1

なるように、指導方法や指導内容などについての基本的な考え方や事例をまとめたものです。外国人の先生方にも活用してもらえるようにとの意図で、同じ内容が日本語と英語で書かれているため、A4判で246ページと大部なものになっています。

内容は大きく、「理論編」と「実践事例編」に分かれています。前半の「理論編」は、1章 英語活動のねらい、2章 どのような英語を扱うのか、3章 どのような授業方法があるのか、4章 年間活動計画をどう作るのか、5章 1時間の授業をどう組み立てるのか、6章 子どもが楽しむ活動、7章 教材や教具はどう作るのか、8章 英語活動の環境を整える、9章 子どもの変容をどうとらえるか、10章 教室でよく使われる英語、11章 ALTとのティーム・ティーチングを行う教師へ、という構成になっています。

後半の「実践事例編」では14の活動事例が紹介されています。事例の1～12は、「私も知っている英語」「私は太郎です」「これはどんな色」「私の好きな動物」「買い物に行こう」などをテーマにした「英語活動」の事例、事例13は「世界の食べ物」のテーマによる「調べ学習」の事例、事例14は、「国際交流活動」の事例で、それぞれ、① ねらい、② 言語材料、③ 教材・教具、④ 時間配当、⑤ 活動の特徴、⑥ 授業の流れなどが示されています。

表2

構成	**「理論編」**
	1章 英語活動のねらい
	1 「国際理解」と「外国語会話」の関係
	2 「英語活動」のねらいと活動の在り方
	2章 どのような英語を扱うのか
	1 内容を決める際のポイントは何か
	2 どのような言語材料、語句・表現を扱うのか
	3章 どのような授業方法があるのか
	1 授業はだれがするのか
	2 どのような方法があるのか
	3 指導上の留意点
	4章 年間活動計画をどう作るのか
	1 年間活動計画を作る際のポイントは何か
	2 年間活動計画を一緒に作ってみよう
	5章 1時間の授業をどう組み立てるのか
	1 授業を組み立てる際のポイントは何か
	2 授業を一緒に組み立ててみよう

6章　子どもが楽しむ活動
　　1　活動を設定する際のポイントは何か
　　2　子どもが楽しむ活動のいろいろ
7章　教材や教具はどう作るのか
　　1　教材や教具を作る際のポイントは何か
　　2　子どもが乗ってくる教材や教具のいろいろ
8章　英語活動の環境を整える
　　1　教師の研修会をどう企画し推進するか
　　2　学校や教室の雰囲気をどう作るか
9章　子どもの変容をどうとらえるか
　　1　子どもの変容をどう確かめるか
　　2　英語活動の効果を確認する評価の方法
10章　教室でよく使われる英語
11章　ALT とティーム・ティーチングを行う教師へ

「実践事例編」 1-12 英語活動　　13 調べ活動　　14 国際交流活動
トピック　1　I know it!　（私も知っている英語）
トピック　2　Hi, I'm Taro.　（私は太郎です）
トピック　3　What's this?　（これはなんでしょう）
トピック　4　What color do you like?　（これはどんな色）
トピック　5　Big or small　（大きい帽子と小さい帽子、どっちにしよう）
トピック　6　Face and body　（鼻はなんていうのかな）
トピック　7　How many steps?　（いくつ進めるかな）
トピック　8　What day is it?　（今日は何曜日かな）
トピック　9　What do you like?　（私の好きな動物）
トピック 10　How's the weather in Vancouver?　（バンクーバーのお天気はどうですか）
トピック 11　Where's the department store?　（デパートはどこですか――ALT の故郷、メルボルンを歩こう――）
トピック 12　How much is it?　（買い物に行こう）
トピック 13　Food from around the world　（世界の食べ物）
トピック 14　A Happy New Year!　（地域の外国人を招いて――違いを認め友達になろう――）

第 2 章

『小学校英語活動実践の手引』における基本的な考え方

　「総合的な学習の時間」に行われる学習活動は、それぞれの学校の創意工夫によるといっても、小学校の英語については、ガイドラインのないことが教室現場では不安材料と言われてきました。特に問題となっていたのは、「教科」でない英語の位置づけとねらいです。国際理解と英語との関わり、国際理解の一環としての英語ということの意味は何かを明確にする必要がありました。また、どんな英語をどれだけ教えるのか、音声だけで文字は教えてはならないのかどうか、またその理由はという指導内容、方法に関する疑問がありました。誰が教えるのかについても論議の的になっていたことです。外国人でなくてはだめなのではないか、学級担任でできるのかという疑念と困惑が小学校の多くの先生方にはあり、具体的にどう教えればよいのか、一時間の流れは、単元の組みかたは、評価は等々の問題もあります。

　『小学校英語活動実践の手引』は、「手引」という名称に現われているとおり、これから小学校で外国語会話に取り組む先生方の参考になり、指針となるように、上に挙げたような疑問にできるだけ答えるように編集されたものです。筆者は、その基本中の基本である考え方は以下の6点であるととらえています。

(1) 英語活動は国際理解教育の一環として行われること。国際理解教育は「英語活動」「国際交流活動」「調べ活動」の3つの組み合わせで行うことが望ましく、「英語活動」はその一つの柱であること。
(2) 英語活動のねらいは言語習得より興味・関心、意欲の育成。
(3) 扱われる英語は音声中心であること。
(4) 授業は学級担任を中心に進めることが望ましい。
(5) 体験的な活動を中心に行う。
(6) 数値の評価でなく、学習の過程や参加度の記述による評価。

(1) 英語活動は国際理解教育の一環として行われること。国際理解教育は「英語活動」「国際交流活動」「調べ活動」の3つの組み合わせで行うことが望ましく、「英語活動」はその一つの柱であること。

英語活動のねらいについて書かれた「理論編」第1章は、教育課程における英語活動の位置づけ、目的を文部科学省の名において説明した文章としては、現段階で最も詳しいものと言えるでしょう。ここでは、「総合的な学習の時間」の中で国際理解に関する学習を行う場合のねらい、さらに国際理解に関する学習の一環として「外国語会話」、特に「英会話」を行う場合のねらいが述べられています。

まず「国際理解」のねらいの背景として、第15期中央教育審議会の答申（1996（平成8）年7月）における国際化に対応する教育の推進に関する3点の留意点が示されています。

> ① 広い視野を持ち、異文化を理解するとともに、これを尊重する態度や異なる文化を持った人々と共に生きていく資質や能力の育成を図ること。
> ② 国際理解のためにも、日本人として、また、個人としての自己の確立を図ること。
> ③ 国際社会において、相手の立場を尊重しつつ、自分の考えや意思を表現できる基礎的な力を育成する観点から、外国語能力の基礎や表現力等のコミュニケーション能力の育成を図ること。

「国際理解」のねらいは単に知識の習得にとどまらず、行動する能力の習得にあり、特に③で求められている外国語によるコミュニケーション能力の育成という観点で、「外国語会話」は国際理解を進めるうえで行動する能力の育成という重要な役割を担うものだと位置づけられています。

つまり「国際理解」と「外国語会話」の関係、言い換えるなら、「国際理解」に関する学習の一環としての「外国語会話」という意味は、行動する能力の習得として、国際理解の学習の重要な要素であるということになります。

さらに具体的には、国際理解の学習活動の構成を、「外国語会話」「国際交流活動」「調べ学習」の3つから成るものとし、相互に有機的な関連を図ることとしています。そして、いずれの学習活動に取り組む場合も、子どもの体験的な学習、問題解決的な学習としての性格を重視すべきであるとしているのは、国際理解が位置する「総合的な学習の時間」のねらいそのものと密接に関係していることによります。

「外国語会話」の中でなぜ「英会話」なのかということについては、

> 現在、世界の多くの場面で使用されている言語であることや子どもが学習する際の負担等を考慮して、この手引では、英語を取り上げることとした。(p.2)

との説明があります。しかし、「国際交流活動」や「調べ学習」では、アジアを含む様々な国のあいさつなど簡単な言葉に触れる活動の可能性についても言及があります。

この手引のタイトルになった「英語活動」という言葉の定義については、

> 小学校においては、子どもの発達段階に応じて、歌、ゲーム、クイズ、ごっこ遊びなどを通して、身近な、そして、簡単な英語を聞いたり話したりする体験的な活動を中心に授業が構成されることから、この手引では、「総合的な学習の時間」で扱う英会話を「英語活動」と呼ぶこととした。(pp. 2–3)

という以上の特別の説明はありません。前半部分は学習指導要領の「小学校段階にふさわしい体験的な学習」をという配慮事項に従ったものですし、後半の書き方からは、要するに英会話と別物ではないと読み取れます。

ここで明確になっているのは、当然のことながら学習指導要領にあるように、英語活動は「総合的な学習の時間」の中で行われる国際理解に関する学習の一環として位置づけられるものであること、そして国際理解に関する学習には「英語活動」の外に、「国際交流活動」と「調べ学習」があることで、3者が相互に関連を図りながら国際理解としてのねらいを果たしていくべきだということです。

(2) 英語活動のねらいは言語習得より興味・関心、意欲の育成。

同じく第1章には、小学校における「英語活動」のねらいが示されています。「英語活動」そのものが異文化に触れる体験であり、児童期に英語に触れるという「英語活動」の体験性を重視する時、そのことがもたらすであろう効果は英語に対する興味・関心や英語を活用しようとする態度の育成とのとらえ方が示されています。

> すなわち、言語習得を主な目的とするのでなく、興味・関心や意欲の育成をねらうことが重要である。(p. 3)

との表現が見られます。小学校の「英語活動」が英語に触れ外国の生活や文化に慣れ親しむ「英語体験活動」であって、この段階では、英語習得を主た

る目的にした「英語学習」ではないことが明確に示されていると思います。

> 単調な繰返しによるドリルでは、子どもの意欲や積極性を引き出すことができないだけでなく、そもそも、「総合的な学習の時間」のねらいにそぐわないものと心得なければならない。(p.4)

という記述からも、子どもの積極的な参加、体験による主体的な学習活動が期待されていることがわかります。

(3) 扱われる英語は音声中心であること。

どのような英語を扱うのかについて書かれているのは、第2章です。ここでは、小学校での英語活動において取り扱う素材や言語材料を決める際のポイントについて述べられていますが、基本的に音声を中心に扱うことが第一に挙げてあります。その理由は第1章でも述べられていますが、第一に子どもが英語に慣れ親しむ過程では英語をたっぷりと聞くことから次第にまねをするというように、音声を媒介にしてコミュニケーションが行われること、第二に、音声と文字を同時に媒体として用いることは子どもの学習にとって大きな負担になるとの認識があります。

その他内容を決める際のポイントとしては、子どもの「言いたいこと」「したいこと」、日常生活に身近なことがらを扱う、子どもの発達段階を判断しながら適切な素材を選択することなど、あくまで子どもの興味・関心にもとづくことが強調されています。「教師が教えたい英語」ではなく「子どもが言いたいことがら」を扱うという表現がされています。

具体的な言語材料の例として、実際に研究開発学校等で扱われてきた歌、語句、表現等が挙げてありますが、あくまで参考であるとされています。

(4) 授業は学級担任を中心に進めることが望ましい。

授業は誰がするのかということについては、第3章が触れています。

> 小学校における英語活動の授業は、「総合的な学習の時間」として行われることから、基本的には学級担任を中心に進められることが望ましい。(p.14)

という記述がこの章の冒頭に見られます。しかしこのことは、必ずしも学級担任単独の授業が望ましいという意味ではありません。外国人の話す英語に直接触れたり、外国の生活、文化に慣れ親しむという趣旨から外国語指導助

第2章 『小学校英語活動実践の手引』における基本的な考え方　57

手 (ALT) の活用や、多様な授業展開を可能にする協同授業 (TT: Team-Teaching) の必要性も同時に強調されています。HRT (Homeroom Teacher: 学級担任)、ALT (Assistant Language Teacher: 外国語指導助手)、JTE (Japanese Teacher of English: 日本人英語教師) のそれぞれの指導者としての特質と役割が説明され、授業形態については、TT として HRT+ALT、HRT+JTE+ALT、HRT+JTE、HRT+HRT の4形態、それに学級担任による単独授業の方法が述べられています。注目されるのは、JTE や ALT 単独の授業の例がない点で、それが冒頭で述べられた「基本的には学級担任を中心に進められることが望ましい」という方針の表れと考えられるところです。

(5) 体験的な活動を中心に行う。

「体験的な活動」ということの意味については必ずしも明確な定義は示されていません。第1章の中に、「実際の体験や疑似体験を通して英語に親しんでいくような配慮が必要である」とか、「じっと座ったままではなく、子どもが実際に体を動かしながら、英語を聞いたり話したりするような活動を作ることが大切である」という記述があります。また、単純な繰り返しによるドリルを否定する記述は何箇所か見られます。

よく言われる「歌、ゲーム、クイズ、ごっこ遊びなど」や、6章で示されている劇、スキット、作品作り、文化紹介、行事体験、交流活動なども含む幅広い活動を総称していると言えます。

(6) 数値の評価でなく、学習の過程や参加度の記述による評価。

評価についての記述は、「第9章 子どもの変容をどうとらえるか」のわずか2ページのみですが、「総合的な学習の時間」における評価の基本的な考えが、相対評価でも絶対評価でもなく、個人内評価であることをうかがわせる内容になっています。

この章で述べられている、教科のように試験の成績によって数値的に評価するのではなく、活動や学習の過程や活動への参加の度合いなどを見ながら、所見等の記述で評価するというのは評価の技術論のように見えます。しかし、何より重要なのは、「子どもの変容をどうとらえるか」という表題に示されている、「子どもの変容を理解する」という教育評価観だと思います。「学校教育の目標を教科の学力だけでなく人間形成の全体に及んで柔軟にする考

え方が受け入れられるようになり、多様な観点からの評価が求められるようになってきた」と、東（2001）も述べています。「総合的な学習」が注目されるのも、その表れですし、その一環として行われる英語活動でも同じく、いわば、「子どもの自己形成を手助けする」という教育評価のあり方が示されていることは、もっと注目されるべきだと思います。

　また、評価のもうひとつの機能である、「授業改善のための評価」にも半分の分量をさいています。

第 **3** 章

『小学校英語活動実践の手引』に対する反応

　第1章で述べたように『小学校英語活動実践の手引』(以下、『手引』と省略) は 2001 (平成 13) 年の 1 月に公表され、4 月からは本体価格 100 円プラス税という低価格で市販されています。伝え聞くところによれば、これをテキストにして校内研修会を開くほど熱心な学校もあれば、『手引』の存在すら知らないという学校もありで、実際どれほど読まれているのか十分把握できてはいません。公的な文書として、第 V 部で述べる文部科学省主催の「小学校英語活動研修講座」ではテキストとして受講者に配布され、使用されました。

　「作成協力者会議」のメンバーであったという当事者の立場からは、やはり、『手引』について率直な評価がしにくいところがあります。「理論編」と「実践事例編」が一冊にまとめられたため、全体として大部なものになっており、特に「理論編」は、ある意味でこれまでの研究開発学校などでの実践の集大成と言えないこともないので、無から始めようとする現場の先生にとって、必ずしも読みやすいものではないかもしれません。また、何の予備知識もなく、研修もなしで、これ一冊を参考書にして、すぐ英語活動の指導に取り組めるかといえば、そこまで充実しているとも言いがたいのです。ただ、確実に評価できると思う点は英訳がついていることです。日本の小学校における英語導入について、英語で書かれた適切な文献が皆無に近い現状では、ALT が英語で理解できる文書がとにもかくにも作られたことの意味はあると思います。

　この『手引』に対するまとまった形での批判としては、2001 (平成 13) 年 3 月の JASTEC (日本児童英語教育学会) 関東甲信越支部研究大会「小学校における英語学習を考える」における神奈川大学専任講師 (当時)・高橋一幸氏による「『小学校英語活動実践の手引』を読む」と題する講演が、最も早かったと思います。批判のポイントはいくつかありますが、重要だと思われる指摘は、『手引』に示されている言語材料が基本的には中学校英語と変わら

ないというものです。小学校英語の在り方については、第Ⅰ部第4章で述べた「英語指導方法等改善の推進に関する懇談会」の報告書でも

> 単に中学校の英語教育の前倒しとして中学校英語の学習内容をそのまま小学校に降ろしてくることは、避けなければならない。

と書かれています。高橋氏の分析によれば、『手引』に示されている語句や表現は、中学校で扱っているものがほとんどであり、実践事例も、文字を使わないことを除けば中学校とまったく同じものがあると指摘しました。

　高橋氏に指摘されたことは、全体として、『手引』がそれまでの研究開発学校等での実践事例にもとづき、またそれを参考にしていることによるところが大きいと思います。研究開発学校の特に初期には、「教科」としての導入の可能性を研究した学校もあり、入門期英語教育の学習内容として、結果的に中学校の学習内容を先取りした形になっているケースも少なくなかったのです。それゆえに「総合的な学習の時間」での「国際理解に関する学習の一環」としての「英語活動」という色合いは薄いものになっていることから来ていると思われます。

　『手引』の「英語活動」という用語の選定について一定の積極的評価を示したのは、冨田祐一氏です。2001（平成13）年度のJASTEC全国研究大会のシンポジウムで、冨田氏は、

> 『手引』が教科的な色彩の強い「英語学習」ではなく、国際理解教育の一環としての「英語活動」と言う言葉を使っていることは『手引』の功績だといえる。小学校で行うのは「学習」でなく「活動」であることを示したのは優れた見識だ。（『内外教育』2001年6月22日付）

と高く評価しました。後藤典彦・冨田祐一（2001）でも同様の見解を示しています。

　しかし文部科学省は、その後、いろいろな文書で「英会話活動」とか「英会話学習」という用語を使っており、初めから「英語活動」という言葉にそれほど強い意図をもっていなかったことがうかがわれます。

　「英語活動」については、東京外国語大学名誉教授・故若林俊輔氏による酷評が『英語教育』2001年10月増刊号の「英語教育日誌」（pp. 64-70）に載りました。若林氏は「英語活動」について、次のように書いています。

> どうも実体が見えてこない。従来の「言語活動」とはどのように異なるのであろ

う。無益な新造語の登場が、またまた現場に無益な議論を呼び起こすことになるであろう。英語そのものを真面目に教えるという態度から何とか逃れようとするから、こういうことになるのである。(p.67)

また、『手引』の「第11章 ALTとティーム・ティーチングを行う教師へ」の冒頭部分を引用し、「ALTがいかにいい加減な基準で選ばれているかを、文部科学省が白状したようなものである」と、手厳しく指摘しています。

> そう、あなたがALTとティーム・ティーチングを行う人です。おそらく、どきどきしていることでしょう。しかし、ALTもまた、どきどきしていることを忘れないでください。私たちの中には教員免許所持者もいますが、日本の学校で教えたこともなければ、子どもたちを教えることすら初めてという者がほとんどです。私たち自身の学校経験は、おそらく日本の小学校とは大きく違った状況の下でなされたものです。ですから、学校を案内する時間をとってください。教室外の活動にもかかわることができるよう、いろいろな学校行事についても教えてください。例えば、清掃はほとんど西洋の学校では見られないものです。ですから、ほうきはどこにあるのかを教えてください、また、一緒に何ができるのかも教えてください。壁にはってある時間割や女性用トイレの印、明日の運動会の案内など、日本人教員にとってはまったく明白なものでも、言葉の壁のために、異文化社会から来た者が完全に見過ごしてしまうものもあります。あなたの学校を訪問することが皆にとってより効果的で楽しいものとなるよう、御援助をお願いします。(『手引き』第11章冒頭部分)
>
> ALTがいかにいい加減な基準で選ばれているかを、文部科学省が白状したようなものである。(pp.66-67)

批判は、授業例や実践事例編に及ぶにつれますます厳しさを増し、小学校への英語導入やこのような『手引』作成のためには、本来、国立大学附属小学校においての壮大な実験が必要だったのに、それが完全に省略されてしまったと断じています。

> そして、この『小学校英語会話指導書』のような得体の知れない「手引」が全国の小学校の「英語教育」を牛耳ることになったのである。(p.70)

若林氏と同様の批判は、日本外国語教育改善協議会が2002年2月14日に遠山文部科学大臣(当時)に提出した「日本の外国語教育の改善に関する提言」にも現われています。提言中の「1. 多様な外国語(言語)の教育を一層推進すること」の中で、関連する冒頭の部分を引用します。

言語教育の一環としての外国語教育の充実を図っていくためには「母語 対 英語」の単純すぎる図式から速やかに脱しなければならない。長期的な視点から、私たちの文化の多様性を損ない、多様な価値観に裏打ちされた個々の精神の健全な発達を阻害する要因となることを恐れるからである。
　　外国語教育を実施するのであれば、その最初の段階から、学習者が学ぼうと思いまた実際に学ぶことのできる言語を可能な限り多様化する努力が要求されるのは当然のことである。
　　したがって、小学校における「総合的な学習の時間」を活用した「国際理解教育の一環としての外国語会話等」が、単に「英会話」の実践に置き換えられる可能性が現状ではきわめて大きいことに、強い懸念を表明せざるを得ない。その根拠が、文部科学省が自ら編集した『小学校英語活動実践の手引』に例示されている言語材料や実践活動例の多くに求められることを、私たちは深刻に受け止めている。その方向は、ともすれば国際理解とはまったく逆に、「英語の過大評価」「英語以外の言語およびその使用者への差別」を助長しかねないからである。この『小学校英語活動実践の手引』自体が多くの矛盾を抱えている事実は、まことに遺憾である。必要なのは、このような不可解な手引書を作り、それに基づいて一部の教員を対象とした研修を実施することではなく、国際理解教育であれ、外国語教育であれ、教員の自発的な取組みを促進するための施策を行うことである。

　このように、「不可解」とか「多くの矛盾をかかえている」と『手引』が批判された一番の原因は、「作成協力者会議」で、小学校英語活動のそもそもの目的、及び目標について十分な議論がつくせなかった点にあると、当事者としては思っています。第1回目の会議の席上筆者は、当面「総合的な学習の時間」で行う活動であり「教科」でないにしても、目的、目標を明確に示さない限り、年間指導計画も、指導法も決まらない旨の発言をしました。知識やスキル育成が目的でないとしても、それなら、なおのこと、態度的なものでも目的や目標を明示すべきだと考えたのです。そうでなければ、35時間ものカリキュラムを実際に作ることは不可能なのです。しかし、会議では議論がそれ以上発展することはありませんでした。
　大津・鳥飼（2002）は公立小学校で英語を教えるのに反対の立場から、学校英語教育に関する議論で最も基本的なのは、何をその目的と考えるかだと述べています。

　　一般にある行為をする場合、その目的と目標を事前に明確にしておくべきものですが、その目的と目標に関する十分な検討を欠いたまま、学校英語教育に関する議論が行われています。(pp.47-48)

との指摘は、『手引』作成の協力者としては反論しにくいところです。

批判の中には、実践事例編に示されている実践の選択や、言語材料、活動の選択に関するものもありました。どのような具体例を提示するかについて、「協力者会議」はかなり慎重であったと筆者は感じています。例を示すことによって、各学校の自由な計画や実践が損なわれること、例示したものが模範あるいは基準と取られることへの懸念がありました。特に学年ごとの年間活動計画の具体例を示さず、一学期だけの例にとどめたのは、それぞれの学校の自由裁量をできるだけ保障しようとしたものです。しかし、言語材料等のリストの提示はやはり、本意ではないにしても、例というより一定の基準性を示してしまったのではないかと思われます。小学校英語活動が中学校英語の前倒しではなく、真に新しい可能性を持つものであるなら、目的の明確化とその具体的な形としての目標の設定は避けられない課題です。それを示すことこそが新しく始めることへの「手引」になるはずで、それなしでは「手引」の意味がないのです。目的、目標の具体化を避けた上で、言語材料や活動例を示したことは、結局、新しいはずの「小学校英語活動」がいわゆる「英会話」と実質的には変わらないとの印象を与えることにつながったと思います。

　『手引』や「協力者会議」の基本姿勢は、多くの批判とは反対に各学校の創意工夫や教員の自発的取り組みを促進し、従来の「英会話」や「英語教育」という概念にとらわれない新しい教育実践を進めようというものだったと、いまでも信じています。しかし、目的や目標という最重要な点に関する議論が必ずしも十分でなかったことが、いろいろな誤解を生んだのだと思います。

第4章 アクションプラン「『英語が使える日本人』の育成のための戦略構想」と「『英語が使える日本人』の育成のための行動計画」

1.「『英語が使える日本人』の育成のための戦略構想」の作成

　2002（平成14）年7月12日、文部科学省は突如「『英語が使える日本人』の育成のための戦略構想 ——英語力・国語力増進プラン——」なるものを発表しました。もっともこれに至る流れとしては、すでに第Ⅰ部で述べたように、2001（平成13）年1月の「英語指導方法等改善の推進に関する懇談会」の報告書があり、それに続いて、有識者を集めて英語教育の充実策についてヒアリングを行った「英語教育改革に関する懇談会」がありました。

　「『英語が使える日本人』の育成のための戦略構想——英語力・国語力増進プラン——」（以下、「戦略構想」と省略）は、6月21日に出された「経済財政運営と構造改革の基本方針2002」に示された、経済活性化戦略——6つの戦略、30のアクションプログラム——の一部を成すものです。「人間力戦略」なのだそうですから、勇ましいのもうなずけるところです。

　その戦略たるゆえんは、まず求められる英語力として達成目標を示し、現行施策と新規・拡充施策を目標に向かって明確に配置した点にあります。基本的な方向性は、下敷きとなった「英語指導方法等改善の推進に関する懇談会」報告書に示されていましたが、その中から重点的に推進すべき施策が選ばれ、しかも、定性的ではなく定量的な目標が打ち出されたことが目を引きます。

　まず達成目標は、「英語指導方法等改善の推進に関する懇談会」報告書が提唱したとおり、国民全体に求められる英語力と、国際社会に活躍する人材等に求められる英語力に分けて掲げられました。後者については各大学が設定するとしてありますが、前者について、中学校卒業者の平均が英検3級程度、

第 4 章　「『英語が使える日本人』の育成のための戦略構想」と「行動計画」　65

高校卒業者の平均が英検準2級〜2級程度と示されたことは、一種の数値目標を示したものとして物議を醸しました。

そして主な政策課題が、I. 学習者のモチベーションの高揚、II. 教育内容等の改善、III. 英語教員の資質向上及び指導体制の充実、IV. 小学校の英会話活動の充実、V. 国語力の増進、の5つ示され、それぞれに対応する現行施策と新規・拡充施策が示されました。

この中で直接、小学校英語活動（「小学校英会話活動」と示されています）の支援として挙げられているのは2点です。ひとつは指導者に関してで、

> 総合的な学習の時間などにおいて英会話活動を行っている小学校について、その回数の3分の1程度は、外国人教員、英語に堪能な者又は中学校等の英語教員による指導が行えるよう支援（する。）

というものです。もうひとつは、「『小学校の英語教育に関する研究協力者会議』を組織して、

> ① 現行の小学校の英会話活動の実情把握と分析。
> ② 次の学習指導要領改訂の議論に向け、小学校の英語教育の在り方を検討する上で必要な研究やデータの整理・問題点の検討（を進め、3年後を目処に結論を出す）。

というものです。

その他関連のある施策として、「III. 英語教員の資質向上及び指導体制の充実」の「② 指導体制の充実」の中に含まれている次の3項目を挙げることができるでしょう。

> ☆ JETプログラムによるALTの有効活用：国際理解教育や小学校の外国語活動への活用又は特別非常勤講師への任用などを通じて一層ALTの有効活用を促進。
> ☆ 外国人（ネイティブ）の正規の教員への採用の促進：上記目標の達成のため、当面3年間で中学について加配措置により300人、将来的に中学・高校について加配措置等により1,000人の配置を目標。
> ☆ 英語に堪能な地域社会の人材の活用促進：一定以上の英語力を所持している社会人等について、学校いきいきプランや特別非常勤講師制度等により英語教育への活用を促進する。

「戦力構想」の中での小学校英語活動に関する扱いは、文字どおり、人的支援策の提示と「研究協力者会議」の組織による実情把握、データ整理・問題

点の検討につきるものです。一部世論が期待していた「教科化」には触れませんでした。

　構想を文字どおり受け取るなら、「教科」にするかどうかの結論が出るのは、「研究協力者会議」の議論を経て早くとも3年後ということになります。そこで「教科化」の結論が出たとしても、中学校指導要領も変えねばならないなど、実施までにはさらに時間がかかります。「教科化は2005年あるいは2006年ではないか？」という、ここ1、2年の浮き足立った風潮からすれば、筆者はむしろ小学校英語についてはトーンダウンを感じました。

　今回の「戦略構想」に至る下地は、何度も繰り返しますが、2001（平成13）年1月に発表された「英語指導方法等改善の推進に関する懇談会報告──21世紀に生きる日本人にもとめられる英語力──」に既にあったと考えています。あの報告書の骨子は、

① 各学校段階を通じた一貫性のある英語教育
② 国民全体に求められる英語力と専門分野に必要な英語力や国際的に活躍する人材などに求められる英語力を分けて考えるべき

という2点にありました。

　小学校から英語を始めさえすれば、これまでの英語教育の諸問題が解決するかのような、小学校への英語教育導入に対する過度の期待は、ここ10年余りの研究開発とこの懇談会での論議で、むしろ「正常に」沈静化したものと見えるのです。専門分野に必要な高度の英語力をもつ人材や国際的に活躍する人材の育成は当然のことながら、小学校ではなく、高校や大学などの上級学校がまずは担うべき課題です。今回の「戦略構想」で述べられている、中・高英語教員の資質向上プランやSuper English Language High School 増加プランは、その観点での強化と考えられます。

　過度な期待が除かれれば、むしろ落ち着いて小学校での英語活動は進められます。何しろ新カリキュラムはまだ始まったばかりなのですから。公立小学校で英語を教えるということについては、1992（平成4）年度に大阪市の公立小学校2校が文部省（当時）の研究開発学校に指定されたのを皮切りに約10年間、研究開発学校等を中心に先導的な実験が進められてきました。これを小学校への英語教育導入の第1ステージとすれば、新学習指導要領が完全実施された2002（平成14）年4月からは、第2ステージに入ったと言うことができるでしょう。

第4章 「『英語が使える日本人』の育成のための戦略構想」と「行動計画」

　これまでの第1ステージは、全国2万3千校あまりの公立小学校のうち1%にも満たない研究開発学校等という、いわば点で行われたことにすぎません。第2ステージは、それぞれの地域で、点が面に広がる段階だと考えられます。文字どおり各学校が「学校に基礎を置くカリキュラム開発」（SBCD: School-Based Curriculum Development）を進めればよいのです。小学校英語活動は、本来、多様な問題意識と内容を内包し得るものであり、子どもと英語との多様な関わりを創造する実践を追求する機会だからです。それが、「総合的な学習の時間」設置下での、本来の教育課題に応えることだと思います。それから先のことは、これから設けられる「研究協力者会議」で十分議論をつくし、現状を分析して結論を出していくことになるでしょう。

　「戦略構想」の発表は、世間ではセンセーショナルに受け取られましたが、こと小学校英語に関していえば、具体的な施策としては現在最も求められている人的支援策にしぼった点で、極めて慎重だったと言えると思います。関連して、筆者が特に注目したいと思うのは、この「戦略構想」の副題に英語力と並んで「国語力の増進」が掲げられたことです。英語教育改善のプランに国語力の向上をことさら併記せねばならなかったことは、おりからの日本語（本）ブームと相まって国語教育を大幅に強化せよというアピールがどこからかあったことを推測させるものです。特に小学校への英語教育導入に対する根強い反対論の根拠である、国語教育重視を多分に意識したものだと思えるのです。

　さて、話を元にもどします。小学校英語活動実施上の最大の問題は、教える「人」のことだと言われていますから、今回「戦略構想」が示した人的支援策は、条件整備の一環として多くの学校では歓迎されるでしょうが、筆者は以下の点で問題を感じています。まず、3分の1程度でも仮に外国人や中学校の英語教員に完全にお任せの授業が公認されれば、これまで積み重ねられてきた小学校英語の良さが生かされないのではないかという疑念です。研究開発学校等で小学校教員の創意工夫によって開発された多種多様な題材・教材・活動は、英語という教科内容をも将来再構成する契機を含んでいたと評価しています。小学校英語活動が点から面に変わるこの時期に必要なのは、その可能性を検証しさらに膨らむようにサポートすることだと思うのです。小・中連携はもちろん考えなくてはならない課題であり、小・中教員の人事交流も必要なことだとは思います。しかし現在、小学校英語活動専任の指導主事もいない状況で、安易に中学校英語教員を投入することは、あれほど恐

れていた「中学校英語の前倒し」につながる可能性はないのでしょうか。

さらに、このような人的支援策が単に英語を技能として効率的に教え込むことだけにつながるなら、一般の小学校教師の英語活動への関わりをこれ以上積極的なものにすることは難しいでしょう。そのことで、教師、子ども双方にとって、これまでどおり英語は特別なものとしてとどまり続けることが残念なのです。

指導者に関しての全般的な論議については、後の第Ⅴ部で述べたいと思います。

2. 「『英語が使える日本人』の育成のための行動計画」の策定

文部科学省は2003（平成15）年3月17日、東京国際交流館で「『英語が使える日本人』の育成のためのフォーラム」を開催し、学校教育関係者や企業関係者など約600名の参加がありました。このフォーラムの趣旨は、先の「『英語が使える日本人』の育成のための戦略構想──英語力・国語力増進プラン──」にもとづき英語教育改善のために国として取り組むべき施策をまとめた「『英語が使える日本人』の育成のための行動計画」（案）を説明することにありました。

ついで3月31日に、「『英語が使える日本人』の育成のための行動計画」（以下、「行動計画」と省略）が発表されました。図2（71ページ）にその概要を示します。「行動計画」は2008（平成20）年を目指した英語教育全体の目標や方向性を明らかにし、その実現のための施策をまとめたもので、英語教育改善のためのアクションとして、1 英語の授業の改善、2 英語教員の指導力向上及び指導体制の充実、3 英語学習へのモティベーションの向上、4 入学者選抜等における評価の改善、5 小学校の英会話活動の支援、6 国語力の向上、7 実践的研究の推進、の大きく7分野の計画が盛り込まれています。

このうち、小学校の英会話活動の支援について、以下全文と、図示したものを挙げておきます。

表3

> **5. 小学校の英会話活動の支援**
> 【目標】
> ○ 総合的な学習の時間などにおいて英会話活動を行っている小学校につい

て、その実施回数の3分の1程度は、外国人教員、英語に堪能な者又は中学校等の英語教員による指導を行う

　小学校においては、平成14年度から順次実施されている新しい学習指導要領のもと、新設された「総合的な学習の時間」の中で、国際理解教育の一環として外国語会話等を行うことができるようにしており、新学習指導要領が全面実施となった平成14年度では、およそ5割の公立小学校で英会話活動が行われている。

　「総合的な学習の時間」における英会話活動においては、単なる中学校の英語教育の前倒しは避けるとともに、教員が一方的に教え込むのではなく、児童が楽しみながら外国語に触れたり、外国の生活や文化などに慣れ親しんだりするなど、小学校段階にふさわしい体験的な学習活動を行い、積極的にコミュニケーションを図ろうとする意欲や態度を育成することが重要である。このため、下記のような施策を通じて、こうした取組の円滑な実施を推進する。

　また、その際には、児童が異なった言語や文化などに触れ、興味や関心を持つことや、音声を使った体験的な活動を行うことが重要であることから、ネイティブスピーカーなど高い英語力を有する者の活用が重要である。このため、英会話活動を行う小学校については、その実施回数の3分の1程度は、ネイティブスピーカーや中学校の英語教員等による指導が行えることを目標に、下記のような施策を通じて、必要な支援を行う。

【指導方法の改善】

○ **小学校英会話活動推進のための手引の作成**
　　効果的な指導法や指導に当たっての配慮、中学校の英語教育を踏まえた指導の在り方など、小学校の英会話活動の指導に関する手引書を作成する。

○ **英会話活動の実施状況に関する調査の実施**
　　先述の英語教育に関する改善実施状況調査の中で、小学校の英会話活動の実施状況や内容などについて調査・公表し、一層の取組の改善に資することとする。

○ **研究開発学校制度の推進**
　　研究開発学校制度の下で、引き続き、小学校の英語教育に関する指導方法などを開発する。

【指導力及び指導体制の充実】

○ **英会話活動担当教員への研修の充実**
　　独立行政法人教員研修センターにより、英会話活動担当教員の指導者となる教員の研修を重点的に実施する。
　　（平成15年度予定人数　600人）

○ **経験豊かなALTの配置促進**
　　JETプログラムや特別非常勤講師制度等を通じ、中・高等学校等での指導経

験を有する ALT の小学校への配置を促進する。

○ **英語に堪能な地域人材の活用促進**
　　学校いきいきプランや特別非常勤講師制度等を通じ、海外生活経験等により英語に堪能な社会人や留学生等の活用を促進する。

○ **中・高等学校教員の小学校英会話活動への参加の促進**
　　平成14年5月の教育職員免許法の改正により、中学校又は高等学校の教諭の免許状を有する者が小学校の相当する教科及び総合的な学習の時間の授業を担当することができるようになったことを踏まえ、小学校の英会話活動の支援とともに小・中学校等間の連携を促進する観点から、小学校の英会話活動への中・高等学校教員の活用を促進する。

【小学校の英語教育の在り方に関する研究】
○ **教育課程の研究開発**
　　研究開発学校制度の下で、引き続き、小学校の英語教育に関する教育課程等を開発する。

○ **小学校の英会話活動の実情把握及び分析**
　　平成15年度中に、現行の英会話活動の実施状況について詳細な調査・分析を行う。

○ **今後の小学校英語教育の在り方に関する研究**
　　平成15年度に調査研究協力者会議を設置し、17年度までを目途として研究開発学校における研究実践の成果・課題の分析、児童の言語習得の特質に関する研究、諸外国の事例等の収集・分析など、今後、中央教育審議会における教育課程の基準の改善に係る審議において小学校の英語教育の在り方を検討する上で必要となる研究等を行う。

「行動計画」において2008（平成20）年度を目指して、小学校の英会話活動の支援に掲げられた目標は、

> 総合的な学習の時間などにおいて英会話活動を行っている小学校について、その実施回数の3分の1程度は、外国人教員、英語に堪能な者又は中学校等の英語教員による指導を行う

というもので、すでに「戦略構想」で示されていたものと変わりはありません。新しい項目としては、「小学校英会話活動推進のための手引の作成」があるくらいで、全体としてはあくまで、始まった小学校の英語活動の円滑な実施を促進するという方向です。「教科化」については今はまだ踏み込まない、十分実態分析や研究を行った上で決めるのだというトーンを崩しませんでした。

第4章 「『英語が使える日本人』の育成のための戦略構想」と「行動計画」　71

図2　「英語が使える日本人」の育成のための行動計画案（概要）

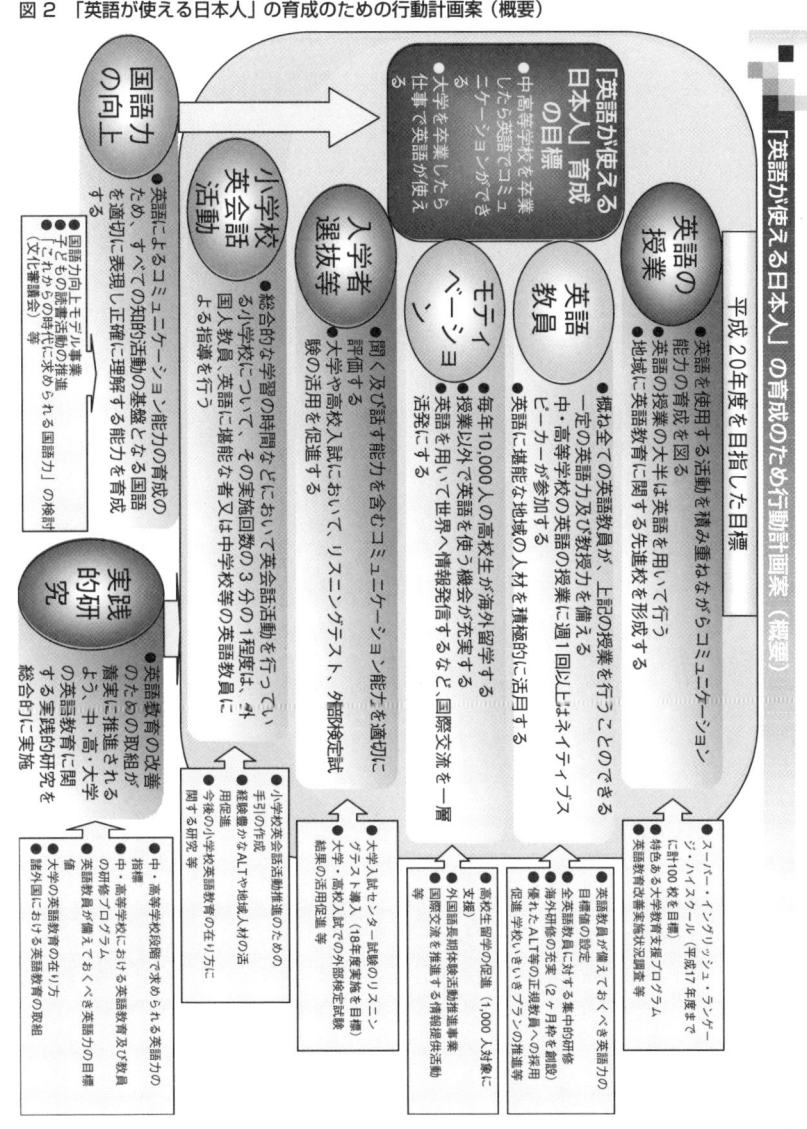

（文部科学省ホームページより転載）

第 III 部

研究開発学校等の先進的な歩みをふりかえる：
研究開発学校の成果

第1章
公立小学校での英語教育に関するこれまでの研究開発学校
第2章
新たな研究開発学校
第3章
研究開発学校等先進校における成果

第 1 章　公立小学校での英語教育に関するこれまでの研究開発学校

　研究開発学校制度は、1971（昭和46）年の中央教育審議会答申「今後における学校教育の総合的な拡充整備のための基本的施策について」による提言を受け、国を挙げて教育の分野で意欲的に研究開発に取り組むためのもので、1976（昭和51）年から開始されています。学習指導要領等の現行の教育課程の基準によらない教育課程の編成実施が認められ、新しい教育課程や指導方法を開発するもので、指定期間はおおむね3年間です。

　小学校への英語導入にあたっても、第Ⅰ部でも述べたように、1992（平成4）年から60を超える小学校が研究開発学校の指定を受け、先進的に研究を進めてきました。以下は、2000（平成12）年度指定分までの全リストです。

表1

指定年度別・研究開発学校名	研究課題
平成4（1992）-6（1994）年度 1.　大阪府大阪市立味原小学校	国際理解の基礎を培う小学校での英語学習のあり方
2.　大阪府大阪市立真田山小学校 　（大阪府大阪市立高津中学校）	国際理解の基礎を培う小学校での英語学習のあり方
平成5（1993）-7（1995）年度 3.　千葉県東金市立鴇嶺小学校	国際社会に生きるたくましい文化人の育成
4.　鹿児島大学教育学部附属小学校	自他共に生きる子供の育成
平成6（1994）-8（1996）年度 ①　主として教科活動として取り組む研究（5校） 5.　長野県北佐久郡軽井沢町立軽井沢東部小学校	身近な英語に関心を向け、進んで聞いたり話したり

	する子どもを育てるためには、どのようにしたらよいか——コミュニケーション能力の基礎づくりをめざして
6. 岐阜県本巣郡穂積町立生津小学校	国際性を培う外国語学習の在り方——楽しく学ぶ英語学習を通して
7. 静岡県浜松市立西小学校	自分のよさを生かして国際社会を主体的に生きる子供の育成——国際的な視野に立って思いを表現できる子をめざして
8. 香川県香川郡直島町立直島小学校	自ら働きかける子どもを育てる英語教育——進んでコミュニケーションを図り、異文化に親しむ児童の育成
9. 福岡県福岡市立飯倉中央小学校	英語活動を生かした国際理解教育の探究
② 主としてクラブ活動として取り組む研究（2校） 　10. 埼玉県越谷市立大沢小学校	積極的にコミュニケーションを図ろうとする態度の育成——英会話クラブの指導を中心として
11. 三重県鈴鹿市立合川小学校 　　　——英語に親しむ活動を通して	国際性豊かな子どもの育成
③ 教科、特別活動等を組み合わせて取り組む研究（5校） 　12. 宮城県気仙沼市立面瀬小学校	聞いたり話したりする活動を通してコミュニケーションを図ろうとする態度を育てる英語指導のあり方
13. 東京都目黒区立駒場小学校	国際化時代を生きる子どもの育成

第1章 公立小学校での英語教育に関するこれまでの研究開発学校　77

14.	山梨県中巨摩郡玉穂町立三村小学校	国際的視野を備えた子どもの育成——積極的にコミュニケーションを図ろうとする子どもの育成
15.	長崎県西彼杵郡多良見町立伊木力小学校	豊かに生きる国際感覚を育む教育課程の創造——児童が生き生きと取り組む英語体験の在り方
16.	熊本県宇土市立宇土小学校	地域に根ざした国際理解教育——国際性豊かな日本人の育成——宇土を見よう　日本を見よう　世界を見よう

平成8（1996）-10（1998）年度

17.	北海道旭川市立日章小学校	豊かな心をもち、世界に目を開く子どもの育成——英語に慣れ、生き生きとcommunicationする子どもをどう育てるか
18.	青森県五戸町立五戸小学校	聞いたり、話したりする活動を通して、コミュニケーションを図ろうとする態度を育てる英会話学習のあり方
19.	岩手大学教育学部附属小学校	学びの自立を図る教育課程の創造
20.	秋田県秋田市立旭北小学校	外国の人と進んでコミュニケーションを図ろうとする意欲や態度の育成
21.	山形県山形市立第十小学校	国際化時代を生きる、心豊かなたくましい子どもの育成
22.	福島県西白河郡表郷村立表郷小学校	国際性を培う英語学習をめざして——英語に対する興味・関心をもち、コミュ

		ニケーションを図ろうとする態度を育てるためにはどうしたらよいか
23.	茨城県水戸市立梅が丘小学校	国際感覚を身につけた表現力豊かな子どもの育成
24.	栃木県小山市立小山第二小学校	国際性を身につけた子どもの育成——英語を聞いたり話したりする活動を通して
25.	群馬県吾妻郡高山村立高山小学校	国際人に資する豊かな自己表現力の育成——コミュニケーション能力の向上を目指す、英会話活動を中心に
26.	千葉県成田市立成田小学校	地域社会に根ざした小学校英語学習——週あたり複数回の英語活動を通して
27.	神奈川県相模原市立相模台小学校	自ら学ぶ子の育成——国際化時代に生きる力を育てる英会話を取り入れた教育課程のあり方
28.	新潟県長岡市立大島小学校	自ら対象に働き掛け、生き生きと表現する子ども——進んでいろいろな人とかかわり、コミュニケーションを図ろうとする態度の育成
29.	富山県氷見市立海峰小学校	国際理解の基礎を培う英語学習の在り方——自分の考えをもち、進んでコミュニケーションを図ろうとする子供の育成
30.	石川県金沢市立南小立野小学校	小学校における英会話等の機会の充実に関する研究——ともに生きる子をめざして

第 1 章　公立小学校での英語教育に関するこれまでの研究開発学校　79

31.	福井県福井市立湊小学校	英語に親しみ、進んで外国の文化に関心を持つことのできる子をめざして
32.	愛知県西尾市立花ノ木小学校	"世界の人と共に生きる子"をめざして──ワールド学習と英語学習の設定とその展開
33.	滋賀県湖東町立湖東第二小学校	国際社会を生きぬくための、豊かな表現力を持った子どもの育成──英会話に親しみ、国際性の基礎を身につける活動のあり方
34.	京都府久世郡久御山町立御牧小学校	はきはき意思表示、のびのびと自己表現ができる資質を培う英語活動の在り方をもとめて
35.	大阪府河内長野市立天野小学校（11年度まで）	国際社会に生きる表現力ゆたかな子どもの育成──友だちの輪を世界に広げよう
36.	兵庫県和田山町立糸井小学校	国際性豊かな子どもの育成
37.	奈良県橿原市立耳成西小学校	なかまと力を合わせて、生き生きと学び合う子どもを育てる──世界の文化や外国の人とふれ合う活動を通して（クラブ活動を核に）
38.	和歌山県田辺市立稲成小学校	国際社会を共に生きる"稲成っこ"の国際交流を深める教育課程の創造──ローカル色を生かした「英会話」活動
39.	鳥取県鹿野町立小鷲河小学校	生き生きとたくましく伸びる子どもの育成──国際理解の基礎を培う小学校

		での英会話のあり方
40.	島根県松江市立城北小学校	豊かな国際感覚の基礎を身につけた子どもの育成──新教科「国際体験科」の導入を通して
41.	岡山県瀬戸町立千種小学校	豊かな国際性をもつ児童の育成
42.	広島県廿日市市立金剛寺小学校	英会話の授業の導入と豊かなコミュニケーション能力を育てる教育の推進
43.	山口県阿知須町立阿知須小学校	主体的に学び自己表現できる子どもの育成──親しみをもち楽しさを味わう英会話学習
44.	徳島県徳島市立新町小学校	国際社会を共に生きる人間性豊かな児童の育成──小学校における英会話を中心とした学習を通して
45.	愛媛県松山市立高浜小学校	国際感覚を身に付け、心豊かに表現する児童の育成──コミュニケーション能力を高める英会話等の活動を通して
46.	高知県田野町立田野小学校	国際的な視野に立ち、主体的に学ぶ児童の育成方法について──豊かな国際体験交流を通して、英語活動の方向をさぐる
47.	佐賀県伊万里市立滝野小学校	豊かな国際感覚と表現力を高める教育の創造──小学校における英会話の授業を通して
48.	大分県大分市立荷揚町小学校	国際社会に生きる豊かな表現力を持った子供の育成──楽しく学べる英語学

	習を通して
49. 宮崎県宮崎市立学園木花台小学校	児童が生き生きと楽しく取り組む英語教育の在り方
50. 鹿児島大学教育学部附属小学校	英会話を楽しむ子供の育成――小中連携を通して育てたいコミュニケーションへの積極性
51. 沖縄県浦添市立浦添小学校	国際性豊かな児童を育む教育課程の創造――英語体験活動を通して

平成9(1997)-11(1999)年度

52. 宮城県塩竈市立第二小学校	コミュニケーションを図ろうとする態度の育成――英語を聞いたり話したりする活動を中心として
53. 埼玉県春日部市立粕壁小学校(12年度まで)	積極的にコミュニケーションを図ろうとする態度を育成する英語学習
54. 東京都文京区立誠之小学校(12年度まで)	国際社会に生きる児童の育成――コミュニケーション能力の育成を目指して
55. 山梨県韮崎市立韮崎北東小学校	豊かな国際感覚をもつ子どもの育成――コミュニケーション能力を育てる指導の工夫
56. 長野県堀金村立堀金小学校	世界の人と、共に歩んでいける子――Listeningを通して身近な英語に慣れ親しみ、進んでコミュニケーションできる子どもの育成
57. 岐阜県大垣市立中川小学校	国際社会に生きるコミュニケーション能力の育成――英語で楽しく活動する

	ことを通して
58. 静岡県富士市立吉原小学校	国際的な視野をもち、主体的に生きようとする子どもの育成──相手を受け入れつつ自分の思いを豊かに表現できる子
59. 三重県鈴鹿市立椿小学校	英語に親しみ、進んでコミュニケーションを図ろうとする児童の育成
60. 香川県仁尾町立仁尾小学校（12年度まで）	国際社会に生きる表現力の育成──楽しく学ぶ英語学習を通して
61. 福岡県小郡市立東野小学校（12年度まで）	国際社会に「生きる力」をはぐくむ教育課程の創造──国際体験学習の時間の学習内容の充実を通して
62. 長崎県長崎市立西坂小学校	豊かな表現力と国際感覚を育てる教育課程の実践──総合的な学習の中における英語体験活動を軸として
63. 熊本県七城町立七城小学校	豊かなコミュニケーション能力の育成を目指した英語活動のあり方を求めて──わくわくいきいき楽しい活動づくりから
平成11（1999）-13（2001）年度	
64. 新潟県長岡市立大島（おおじま）小学校（英語活動も含み「総合的な学習の時間」の研究開発学校。第1年次の研究計画に、英会話活動及び地域の環境を生かした「総合的な学習の時間」の単元開発）	人やもの、自然に対して豊かに働きかける子どもの育成──自ら問いや願いをもち、学び続ける子
平成12（2000）-14（2002）年度	
65. 千葉県成田市立成田小学校	未来へつなぐ小学校英語──実践的なコミュニケーション能力の基礎を養う

66. 石川県金沢市立南小立野(みなみこだつの)小学校	ともに生きる子をめざして――国際理解の基礎を培う「英語科」のあり方
67. 大阪府河内長野(かわちながの)市立天野(あまの)小学校	国際社会に生きる表現力ゆたかな子どもの育成――友だちの輪を世界に広げよう
68. 静岡県富士市立元吉原小学校 （小中接続、系統的な教育課程の開発が研究課題。第1年次の研究計画に英会話科の新設）	小中学校の接続のありかた――自らの生き方を創り、学びを表現できる子供の育成

第2章 新たな研究開発学校

　研究開発学校の指定は、これまで文部科学省が定めた研究課題を学校に委嘱する形で実施されてきましたが、2000（平成12）年度から、市町村教育委員会などの申請に基づいて、学校設置者の主体的な判断で学校や地域の創意工夫を生かして自由に研究課題を設定する制度に改められました。重点的課題を集中的に実践研究できるように予算も大型化され、制度改正前の1999（平成11）年度は5,600万円で一件当たり50万円だったのが、改正後の2000（平成12）年度は2億200万円で一件当たり600万円となっています（『週刊教育資料』NO.715, 2001年6月11日号）。

　平成12年度には、以下の3校が小学校における教科としての「英語科」の研究開発の指定を受け注目されました。

表2　平成12（2000）年度指定校

学校名	研究内容
千葉県成田市立成田小学校	○ 研究開発課題 　小学校において効果的な英語科学習を実施するための教育課程・指導方法の研究開発 ○ 研究開発の概要 　毎日20分間の英語学習を第1学年から実施し、発達段階に応じた楽しい「聞く・話す」活動に、「読む・書く」活動を自然な形で取り入れ、実際に使える英語を身に付けさせるためのカリキュラム・教材・指導法を明らかにする。 　また、小学校において教科としての「英語科」を進めるにあたり、一般化できる学習プログラムや補助教材の開発を行う。
石川県金沢市立南小立野小学校	○ 研究開発課題 　小学校において、21世紀に生きる児童の学習実態に対応した「英語科」の研究開発を行う ○ 研究開発の概要

	小学校において、教科として「英語科」を新設し、人間尊重を基本に(1)文化理解と尊重(2)表現力の育成(3)コミュニケーション能力の育成の3つをねらいとして指導内容・指導方法・評価のあり方の研究開発を行う。第1学年から週あたり複数回の授業時数を確保し、各学年の到達目標や評価の基準を明確にしたカリキュラムを開発、実践、検証する。
大阪府河内長野市立天野小学校	○ 研究開発課題 教科「英語」を新設し、英語や文化に興味や関心を持ち、コミュニケーションを楽しみ、聞くことや話すことなどの実践的コミュニケーション能力の基礎を養う「英語」のあり方の研究開発 ○ 研究開発の概要 国際化に対応できるコミュニケーション能力の一つである英語を聞き、話すことなどができる基礎的な力の育成を中心に据えた、教科「英語」の研究開発を行う。多様な指導形態を生かしながら、音声中心の言語材料や言語活動のあり方を工夫研究し、各学年の系統的なカリキュラムの開発を行う。また、評価規準についても明らかにし、学習状況の的確な評価を効果的に児童にフィードバックする方法についても研究を進める。

2001(平成13)年度は全国から申請のあった103件の中から新たに33校・グループが新規指定を受けています(『内外教育』2001年6月8日)。この中で、小学校における「英語科」の導入という研究内容で福岡県小郡市立東野小学校と、鹿児島県川内市立平佐西小学校が新たに指定を受けました。その指定理由は以下のように公表されています。

<指定理由>
　英語指導方法等改善の推進に関する懇談会報告(平成13年1月)は、小学校における英会話学習の在り方について、「総合的な学習の時間」における実施状況について詳細な調査・分析を行うとともに、研究開発学校における研究実践、子どもの言語習得の特質などを踏まえつつ、教科としての英語教育の可能性等も含

め、今後も積極的に検討を進める必要があるとした。この報告を踏まえ、小学校における「英語科」導入の可能性を検討するため、本研究を指定する。

その他の研究内容を主として指定を受けた研究開発学校の中にも、小学校英語活動と関連をもつ研究を行う計画のところもあります。例えば、「幼・小連携等」で指定を受けた岡山大学教育学部附属小学校の研究の概要には、

> 英会話やメディアリテラシーについての系統性を明らかにしたカリキュラムづくりなどを行う。

とあります。また、地域のすべての小・中・高を研究開発学校に指定された山形県小国町立小国小学校ほか計15校の研究の概要には、

> 連携する高校の特色を踏まえ、小中学校に「情報教育」及び「国際理解教育」に関する教科を設定する。

とあります。さらに「小学校における新教科・新領域」を研究する東京都豊島区立目白小学校は、

> 「情報の処理・活用を通した児童のコミュニケーション能力育成のための教育内容・方法に関する研究開発」を研究課題として、「情報・コミュニケーション科」を設置し、「インターネットによる国際交流を行うとともに、交流の基盤となる英語教育等を実践研究する」

としています。

「指導方法の在り方」を研究する静岡大学教育学部附属浜松小学校は、「各教科と他の領域の内容や構成、及び子どもの学びの評価の在り方についての研究開発」を行いますが、研究の概要には「1年生から英語学習を組み入れる」とあります。また私立の甲南高等学校・中学校、甲南女子高等学校・中学校、甲南小学校・幼稚園は、幼・小・中・高・大の18年一貫教育を通して展開する教育研究開発として、

> 環境に関係の深い教科（生活、国語、社会、理科、家庭、外国語等）及び道徳の時間についてクロスカリキュラムを編成し…（中略）…その過程で…（中略）…海外の姉妹校と交流を深め、環境をテーマに「世界子ども会議」の開催を目指す。そのために情報リテラシーや英語によるコミュニケーション能力の向上に努める。

としています。

2002（平成14）年度には、大阪府千早赤阪村立赤阪小学校（こごせ幼稚園）、

兵庫県揖保川町立河内小学校、高知県田野町立田野小学校（田野幼稚園、田野中学校）の3校が新たに指定を受けています。また2003（平成15）年度には、英語教育の充実・改善に関して、埼玉県春日部市立粕壁小学校（春日部中学校）、岐阜県笠原町立笠原小学校（笠原中学校）、沖縄県那覇市立金城小学校など那覇市内35小学校（17中学校）などが新規指定を受けました。この他、幼稚園、小学校、中学校等の連携で指定を受けた学校の中にも、北海道鹿追町立鹿追小学校など4小学校（他に3中学校1高等学校を含む）、広島大学附属三原小学校、京都教育大学教育学部附属京都小学校、香川大学教育学部附属坂出小学校など、英語教育に関する研究内容を含むものがあります。

　以下、2001（平成13）年度以降指定を受けた学校の研究開発課題と研究の概要を一覧にします。

表3　平成13（2001）-15（2003）年度指定校　　　　　（文部科学省ホームページより）

学校名	研究内容
福岡県小郡市立東野小学校	○ 研究開発課題 　国際社会に生きる力をはぐくむ小学校英語科の教育課程・指導方法の研究開発 ○ 研究の概要 　平成9年～11年までの指定による「国際体験学習」への取組を土台に、教科「英語科」を全学年に34～84時間設定し、中学校英語科との関連を図りつつ教科としての指導目標や指導方法、評価の観点や方法を整理し、今後の小学校における英語科教育の在り方を研究する。発達段階に応じ、低・中学年で英語に慣れ親しむことをねらいとする。高学年では文字も取り入れ、身に付けている英語表現を活用する活動を行っていく。
鹿児島県川内市立平佐西小学校	○ 研究開発課題 　小学校期における児童の実態に即した英語学習の研究開発 ○ 研究の概要 　全学年に「英語科」（34から35時間）を設定し、低学年では「聞く・話す」に重点を

	置き、中学年では「読み」を追加し、高学年では「書き」を取り入れるなど発達段階に応じた指導内容・指導方法の在り方を研究する。その際、目標、指導方法、評価ともに、中学校英語とのスムーズな接続に留意する。また、外国人や地域の人材等の活用、学校生活での英語活用場面の拡大などを通して、実践的コミュニケーションの場を開発する。研究開発全体の評価に当たっては、中学校入学後の追調査も行う。

表4 平成14（2002）-16（2004）年度指定校

学校名	研究内容
大阪府千早赤阪村立赤阪小学校　こごせ幼稚園 【再掲】 ［幼・小連携］ ［情報教育］	○ 研究開発課題 国際化・情報化に対応した国際人を育成するために「英語科」「情報科」を新設し、幼・小連携した8年間（4歳児〜小学校6年）の教育課程・指導方法の研究開発と効果の検証 ○ 研究の概要 幼・小連携による、4歳児から小学校6年までの8年間の系統的カリキュラムのもと、幼稚園では音声、リズム動作を中心とした英語活動を、そして遊び道具の一つとしてコンピュータ活動を導入する。小学校に於いては、1年生より「英語科」「情報科」を設置する。「英語科」では、幼稚園での音声、リズム動作を継承しつつ、聞く、話す活動を中心に、異文化の受容を深め、自己表現の高まりとともに、実践的なコミュニケーション能力を育成する。また「情報科」では、コンピュータ等の情報機器を中心にしながら操作に慣れ、自己表現のツールとして使用でき、「英語科」と融合した豊かな実践的コミュニケーション能力の育成をめざす。 子どもの発達段階にあわせた確かなスローステップアップの教育課程を作成し、その実践・実証を行う。

第 2 章　新たな研究開発学校　　89

兵庫県揖保川町立河内小学校	○ 研究開発課題 　異文化理解をはじめ共生社会に生きるための資質を養うとともに、国際社会に生きる力をはぐくむため、小学校段階から「英語科」を新設した場合の教育課程・指導方法の開発研究 ○ 研究の概要 　言語としての英語の学習と異文化理解の視点をリンクさせることで国際社会に生きる力やコミュニケーション能力の基礎を育んでいく「英語科」の研究開発を行う。<u>1年生から6年生まで、45分授業を週あたり1回と15分モジュール授業を3回の年間70時間を</u>実施する。 　カリキュラムの開発にあたっては「めざす子ども像」「英語教育の目標」「低中高別の具体的な目標、ファンクション一覧表、マトリックス、学年カリキュラム」「評価規準」等を明確にした上で推進する。また指導法の開発研究にあたっては、評価と一体となった指導法をめざし、多様なTT体制や独自の学習材や教材を開発しながら推進していく。
高知県田野町立田野小学校 　　　　　　　田野幼稚園 　　　　　　　田野中学校 【再掲】 [幼・小連携] [小・中連携]	○ 研究開発課題 　国際社会に生きる力をはぐくむため、幼稚園（年長）、小学校、中学校の10年間を見通した英語教育の課程・指導方法の研究開発 ○ 研究の概要 　国際社会に生きる力をはぐくむため、「英語科」を設定し、幼稚園（年長）、小学校、中学校の10年間を初期（揺籃期 … 英語学習開始後3〜4年、中期（転換期 … 同4〜5年）、後期（発展期 … 5年以降）に分け、英語音声の基礎作り、文字の指導の時期と方法の研究、校種間連携に取り組む。具体的には、幼稚園年長児と小学校1・2・3学年を初期とし、楽しい活動を通

| | して英語の発音やイントネーション、リズムといった英語音声の基礎や、ごく簡単な語を用いた場面に応じた応答の基礎を築く。中期となる小学校4学年では楽しい活動を中心にしつつ、文字の形を認識して読めるような単元開発に取り組む。後期の小学校5・6学年と中学校1学年では単語や簡単な文を書けることを目標設定した活動を試みる。 |

表5 平成15（2003）-17（2005）年度指定校

学校名	研究内容
埼玉県春日部市立粕壁小学校 　　　　　　春日部中学校 【再掲】 ［小・中連携］	○ 研究開発課題 小学校段階から「英語科」を新設した場合の教育課程、指導方法、評価方法、中学校教育課程との接続の在り方についての研究開発 ○ 研究の概要 第1〜6学年に新設する教科「英語科」（週1.5時間：毎日9分＋週1回25分）を中心として、国語科における「伝え合う力」の育成や「総合的な学習の時間」における国際理解とを有機的に関連させ、全体を通して英語によるコミュニケーション能力の向上を図る。 具体的には、①コンセプトの違う2種類の英語活動の時間の設定と展開、②短時間英語活動（毎日9分）の実践とその効果の検証、③自作ビデオ教材の作成とビデオ教材の効果的な利用法の研究、④簡単なフォニックス（音声と文字の関係についてのルールの学習）、⑤「総合的な学習の時間」との連携や国語科との合科的指導、⑥小学校段階におけるALT、小学校（担任）教員、中学校英語科教員との連携の在り方、⑦評価規準の研究等に取り組み、定期的に行う国語の学力調査、アンケート調査や外部評価を踏まえて将来の小学校における英語教育の在り方について本校とし

	て提言を行う。 また、小・中で連携を図り、小学校で6年間英語活動に親しんできた子どもたちの次のステップとして、新たな中学校教育課程の組み方を研究し、9年間を見通した効果的な英語教育の在り方について研究を行う。
岐阜県笠原町立笠原小学校 　　　　　　　　笠原中学校 【再掲】 [小・中連携]	○ 研究開発課題 　児童生徒の発達段階に応じた「英語によるコンテント・ベイスト・アプローチ（Content-based approach in English）」の手法を取り入れた小中一貫した英語教育の時間の在り方」に関する研究開発 ○ 研究の概要 　児童生徒が、英語に慣れ、親しみ、使うことができるようにする観点から、発達段階に応じた「英語によるコンテント・ベイスト・アプローチ（content-based approach in English）」の手法を取り入れた小・中一貫した英語教育を実施するため、小・中学校の9年間を見通し、児童生徒の発達段階や各校種の特性を生かしたカリキュラム、指導方法、評価、指導体制や環境整備等の在り方を研究する。 　具体的には、小学校週3時間、中学校週2時間の特設の時間を設定し、各教科での既習内容を英語により学習したり、各教科にかかわる体験的な活動を英語を用いて実施するとともに、朝の会、給食、帰りの会等において英語を存分に取り入れるなど、学校生活全般を通して、英語に慣れ、親しみ、使う活動を実施する。 ※ Content-based approach in English：内容に基づいた指導法（他教科の内容を取り入れた教材による外国語教育）
沖縄県那覇市立金城小学校 　　　　　　　　石嶺小学校	○ 研究開発課題 　児童・生徒の英語によるコミュニケーショ

曙小学校（あけぼの）
開南小学校（かいなん）
金城中学校（かなぐすく）
石嶺中学校（いしみね）
安岡中学校（やすおか）
上山中学校（うえのやま）
外 44 校

計
小学校
35 校

中学校
17 校

合計
52 校

【再掲】
[小・中連携]

ン能力の育成を目的とした教育課程の弾力的な編成方法、指導方法、評価方法等の研究開発
○ 研究の概要
児童生徒のコミュニケーションに対する積極的な態度の育成と英語を「聞く力」の育成を重点目標とし、<u>小学校に「英語科」を創設するとともに、進学先の中学校における英語科の指導内容・指導方法の改善を行うなど小・中一貫した英語教育カリキュラムを研究開発する</u>。具体的には、英語専科担任とネイティブスピーカーによるTTを基本とし、音声を重視したオールイングリッシュによる体験的な活動、交流活動を中心として、① 積極的に英語でコミュニケーションを図ろうとする態度の育成、② 英語の指示や質問に、動作、単語、文で適切に応答できる能力の育成、③ 自国・外国文化の理解、他者の理解と協調の態度の育成等を目標とした <u>4パターンのカリキュラムを構成し、市内35校の小学校においていずれかのパターンで研究を行うとともに、進学先の中学校（17校）では、英語指導方法の工夫・改善、選択教科の活用により、その成果を比較検証する</u>。
（市教委が作成する「アンケート調査」と「聞き取り検査」を実施し、児童生徒の興味・関心、コミュニケーションに対する積極性、「リスニング能力」の変容を考察し、態度と技能の両側面から指導方法の有効性を検証する。）
※ 4つの指導パターン：
① 全学年で週1回の45分授業
② 全学年で45分を週2〜3回のモジュールに分けて実施
③ 1〜2年で45分を週2〜3回のモジュールに分けて実施
　3〜6年で週1回の45分授業（5・6

	学年では文字指導を含む） ④ 1～2年で週1回の45分授業、3～6年で週2回の45分授業

表6 平成15（2003）年度延長指定校

学校名	研究内容
千葉県成田市立成田小学校 　　　　　　成田中学校	○ 研究開発課題 　小・中学校9年間の英語科学習において、効果的に確かな英語の力を身につけるための教育課程・指導方法を明らかにする研究開発 ○ 研究の概要 　小・中学校の英語科学習において、実践に役立つ確かな英会話力を身につけるための教育課程・指導方法を明らかにする研究開発を行う。発達段階に応じて「聞く・話す・読む・書く」活動をバランスよく取り入れ、一人一人の話す機会を保障するとともに、英会話力の定着が自覚できるような効果的な英語科学習を進める。 　具体的には次のことに取り組む。 ① 小学生の発達段階に応じて、アルファベットにふれるなど文字に親しませること。 ② 英語力、英会話力を伸ばす効果的な指導内容・指導形態・単位時間のあり方を研究すること。 ③ 月1回の英会話力調査を取り入れ、児童・生徒自ら英語力の定着を自覚できる機会を設けること。 ④ 一人一人の話す機会を保障するような指導を工夫すること。 ⑤ 小学校から中学校に効果的に接続し、中学校でもさらに英会話力を伸ばすためのカリキュラムのあり方を探ること。
石川県金沢市立南小立野小学校	○ 研究開発課題 　小学校における「英語科」について、より

【再掲】 ［小・中連携］	子どもの側に立った目標、内容、指導方法などを追求し、これを他の小学校へ普及させること及び中学校への円滑な接続をすることを目的とした研究開発 〇 研究の概要 　平成12年～14年に亙って全学年に週当たり2回（1～2年生で二分の一単位時間×2回、3年生以上で2単位時間）の英語科を設定し、英語学習における発達段階的な特性（「黙語の時期」（1～2年）、「発語の時期」（2～3年）、「発話の時期」（3～4年）、「会話の時期」（5～6年））を踏まえて、各時期毎の目標・内容、指導方法、教材、言語材料等について研究を行ってきた。 　今後は、他の小学校への普及と中学校への円滑な接続を図るために以下の点を中心に研究を行う。 ① 進学先中学校区の小学校と連携を図るため、本校英語科教諭が、学校を訪問し、共通カリキュラムで学習を進めるための研修体制、ボランティアの有効活用について研究する。 ② 進学先中学校との連携を図りながら「英語科」を設置している本校と設置していない他の小学校の卒業生のアンケート調査や追跡調査を実施し、「英語科」設置の効果を検証するとともに、小中学校の円滑な接続を探る。 ③ 子どもの学びの視点から、これまで開発してきた目標、内容、指導方法などについて見直しを図る。
大阪府河内長野市立天野小学校 　　　　　　　　　西中学校 【再掲】 ［小・中連携］	〇 研究開発課題 　国際社会に生きる表現力豊かな子どもの育成をめざした小・中学校の9年間を見通した英語教育の教育課程・指導方法・評価に関する研究開発 〇 研究の概要 　平成12年～14年にわたって小学校の全学年に教科「英語科」（1～2年は週1時

	間、3年以上は週2時間）を設定し、文字指導の導入も含め、実践的コミュニケーション能力の基礎を育成する系統的なカリキュラム・指導方法の在り方について研究を行ってきた。今後は、これを踏まえ、中学校英語科との接続に重点を置き、<u>小・中学校を通じて子どもたちが意欲的に学習する発達段階を考慮したカリキュラムの開発を行う。具体的には、1～3年までは「聞くこと、話すこと」の2領域、4年ではこれに「読むこと」を加えた3領域、5～6年ではさらに「書くこと」を加えた4領域の指導目標を設定し、中学校においても平成15年度は1年で週4時間の英語科を実施し</u>、「聞く」「話す」を中心とした活動を多く取り入れ、実践的コミュニケーション能力の育成をめざす。さらに、本校での研究成果を市内各小・中学校で生かしていくために市教育委員会と連携しながら、教員研修等を活性化していく。

　2000（平成12）年度に研究開発学校制度が変わって以来、ここ数年の研究開発のテーマや内容を見ると、それ以前とは異なる傾向が見られます。一つは、「教科としての英語」を研究テーマとする以外に、幼・小連携や小・中連携を主題にした一貫性のある教育課程の編成が指定の内容として目立ってきたことです。特に小・中連携教育については、英語だけではなく各教科における9年間の系統的な教育課程の編成を主題にした取り組みが指定を受けています。この背景には、子どもをめぐる環境が大きく変化する中での6・3制の見直しという問題意識があります。6・3制に変わる枠組みとして、5・4制、4・5制、あるいは4・3・2制などが提起されています。その中で英語教育あるいは国際理解教育についても教育課程をどう構成し、学習を発展させていくのかという縦の系列の編成が研究主題になっています。

　二つ目は、幼・小・中の連携と当然関連しますが、一つの学校だけでなく地域の学校が複数まとまって指定を受けるケースが目立ちます。2001（平成13）年度に指定を受けた山形県小国町の学校の場合や、2003（平成15）年度の北海道鹿追町、沖縄県那覇市など、自治体全体の学校が一体となった横の

連携型の計画で指定を受けています。

さらに、研究内容が英語科だけの単科に止まらず、国際交流学習とマルチメディア学習を合わせた「国際コミュニケーション」（広島大学附属三原小学校）、国語と英語を統合し海外でのディスカッション能力、プレゼンテーション能力を高める「ランゲージ」（京都教育大学教育学部附属京都小・中学校）、「コミュニケーション（英語・表現）」（和歌山県橋本市立西部小学校など）、「カナダ学」「カナダ入門」（北海道鹿追町立鹿追小学校など）のような新教科、科目が提起されている点です。

研究開発学校に見られるこのような傾向は、2つの視点からとらえることができると思います。一つは、小学校における英語教育が「教科化」に向けて、縦横の連携を研究の主題に取り上げることを必要とする段階に来たと思われることです。もう一つは、後に述べる規制緩和による「構造改革特区」とも共通する地方分権、地域独自の教育改革への指向を強く感じさせるものです。この2つの異なるベクトルにより、研究開発学校による小学校への英語教育導入の研究は、ここへ来て再びダイナミックに展開していく様相を見せています。

図2　平成15（2003）年度「小学校英語」研究開発学校

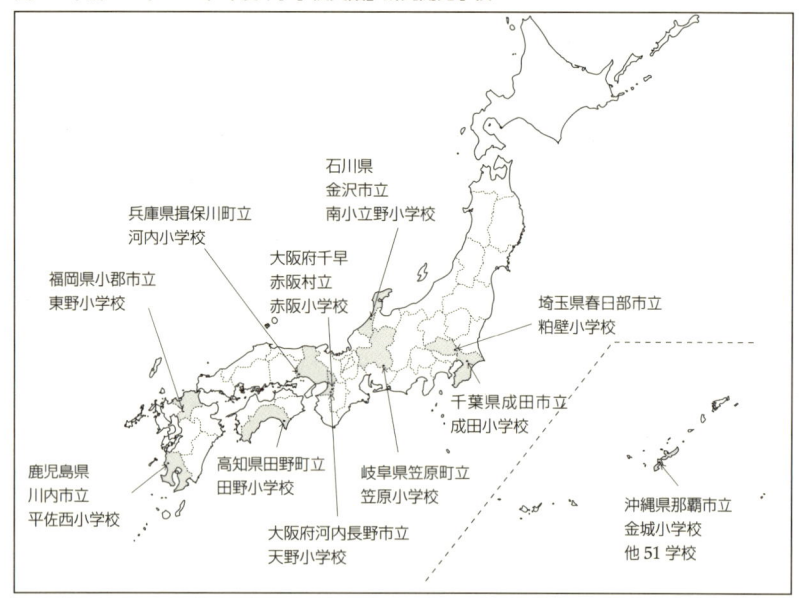

第**3**章

研究開発学校等先進校における成果

1. 研究開発学校等の総合的な成果

　渡邉（1999）は、国立教育政策研究所で多くの研究開発学校の報告書に目を通した経験から、研究開発学校における研究成果として「度胸がついた！」「積極的になった」「コミュニケーションを図ろうとする態度が育つ」「自分と異質なものを認め受け入れようとする態度が育つ」などを挙げ、

> 小学校における外国語学習の最大の成果は、その学習目標とする言葉の習得そのものよりも、"楽しいコミュニケーション"という体験学習を通して、子どもたちが自分の中に新しいものを発見し、変化することにあるといえよう。

と述べています。

　これまで、研究開発学校はそれぞれ研究報告をまとめ、発表会を催して、成果の一部を公表してきました。また、筆者も含め各校の運営指導委員を経験した研究者による報告もいくつか出されています。

　しかし一般には、小学校英語についての研究の多くは、1校または数校の授業実践や研究報告をもとにした印象批評的な分析に止まっていると言われてきました。確かに、この種の報告は、特定の1校あるいは数校を対象にしただけで、分析方法上も特に客観的な基準を設けてはいませんので、多分に主観的というか印象表記的なレベルに止まるものではありました。また、これまでの研究開発学校制度の趣旨が、次期学習指導要領の内容や性格を探ることに重点があったため、各校には成果を公表する義務はなく、成果は文部科学省に報告されるのみで、数多くの研究開発学校での実践を包括的、多面的に評価分析したものはほとんどないのが実状だと思います。

　筆者の知る限りでは、東京工業大学大学院社会理工学研究科人間開発科学講座（牟田博光研究室）のグループによる研究報告（「小学校における英語活動に関するアンケート調査」報告書）が、小学校英語の成果についてのこの種の研究の中では、最も包括的かつ多面的な研究と思われます。このグループの研究は、日本教育行政学会第34回大会で口頭発表され、後に菊田怜子・

牟田博光（2001）で日本児童英語教育学会（JASTEC）の研究紀要第20号に発表されました。

　牟田グループの研究は、1997（平成9）年度までの研究開発学校62校のうち、クラブ活動など特別活動としての実践校を除く58校の研究報告書を分析したものです。英語活動の実施状況や派生した効果を、記述内容から予想される要因ごとに分類、抽出して計量的分析を行うという手法をとっています。

　さらに並行して、研究開発学校ならびに東京都内及び近郊の公立小学校と金沢市内の公立小学校で実際に英語活動に関っている教師1,281名を対象にしてアンケート調査を行っています。

　まず、研究開発学校による報告書の内容分析では、英会話活動を効果的に実施するための要因を探るために、

> ① 指導者、② 指導計画、③ 英会話活動場面、④ 活動時間、⑤ カリキュラム、⑥ 学校内の英語環境、⑦ 文化の紹介、⑧ 国際交流、⑨ 家庭環境

の9つの要因について、18の変数を想定しました。また、児童の反応については

> ① 英語への興味、② コミュニケーション態度、③ 異文化理解、④ ALT と接することで生じる変容、⑤ その他の変容

の5変数を想定し、合計23の変数間の関連性を重回帰分析を用いて明らかにしようとしました。

　結果をまとめると、指導者による影響に関しては、まず教師の役割分担が明確になっていることが必要であり、そのためには経験という時間的な要因が影響をしていること、また ALT との TT（Team-Teaching）の回数が多いことが指導者間の相互理解につながり、効果に寄与していることが示されました。次に、学校内の学習環境としての英語教室の設置は「英語への興味」への効果に最も寄与していること、国際交流の場を多く設定し、児童が外国人と直接にコミュニケーションできるようにすることが、「コミュニケーション態度」の育成に効果的であることが示されました。また、「異文化理解」には国際交流ばかりでなく校内の掲示物も効果的に働くことがわかりました。

　そのほか、英語活動の児童への効果については、「児童の年齢」要因が強く影響していることが示されました。「英語への興味」や「英語学習への取組みやすさ」には、低・中学年であることの効果が大きく、「異文化理解」につい

ては、高学年の方が効果が大きくなることが示されました。

教師に対するアンケートからわかったこととしては、英会話活動での指導経験は教師の「小学校における英語教育」への考え方に変化をもたらしており、ポジティブな方向への変化が示されたことが挙げられます。特に研究開発学校の教師による変化が最も大きく、年間時間数が多く、ALTとのTT経験が豊富で研修の機会が多いということが、他の教師との差に現れていると考えられます。

この研究では、英語活動の効果を教師の立場で書いた報告書や教師によるアンケートの回答を基に見ており、児童の反応についても教師の目を通してとらえているという点では間接的です。しかし、58校という多数のデータを扱うことで、個々の学校の特殊性を超えた共通の要因を抽出することにある程度成功していると思います。また、1,200人を超える実践者からの回答にも、今の段階では他の報告にはない説得力があります。

2. 英語力に関する成果

公立小学校では、英語能力そのものの育成を目標に掲げている例が少ないため、発音、聞き取り、発話力、コミュニケーション能力など英語能力に関しての成果を学校側が発表している例はほとんどありません。しかし、外部のものが調査・実験するという例がいくつか見られます。筆者も前著（1997）では、小学校で年72時間の英語学習を2年間経験した児童の中学入学後の英語力について、面接調査の結果を報告しましたが、その後は残念ながら行っていません。西尾（2002）は、単語・統語知識、聞き取り、流暢さ、発音の4項目について、英語教師と生徒のロール・プレイを通じて測定することを試みましたが、実験校が帰国子女の受け入れ校であるため、一般的ではありません。現段階での数少ない実証研究として、ここでは白畑（2001）を紹介しておきましょう。

この研究は、研究開発学校で3年間「英語学習」を経験した児童（Ex.）と、それ以外の小学校から進学した児童（Non-Ex.）の英語能力を、中学校1年の12月から2月にかけ、3つの実験で比較したものです。実験1では「音素の識別能力」、実験2では「英語発音能力」、実験3では「制限時間内に英語でたくさん話す能力」（発話語数）を調査しました。結果は、3つの実験すべてにおいて、Ex.とNon-Ex.の間には統計的有意差は見られない、つま

り、両グループの英語能力に差がないということでした。
　この実験については、そもそもA小学校の目指していた英語力がどのようなものだったのかとか、一部の実験に文字が使われた点など、妥当性に疑問がないわけではありませんが、小学校期の英語学習で最も効果が上がると考えられがちな音声面での成果が否定されたという点で注目に値すると思います。白畑氏は結果の解釈について、

> A小学校で実践された授業方法では英語能力の伸長に効果がなかった理由は、とても単純だと筆者には思える。それは、英語に接触する時間があまりにも少なかったためである。週1回で、教師からの発音指導もさほど期待できず、ビンゴゲームやフルーツバスケットなどの遊びの要素の強いゲームを中心にした活動では、年35時間で、たとえ3年間継続しても、英語能力そのものの発達には、効果は期待できないということであろう。

と述べています。
　経験とカンだけでものを言うのではなく、小学校英語について確かな結果をデータで実証していくことの重要性は明白だと思います。筆者は松川（2000b）で、小学校英語の「教科化」への道は「運用能力の育成」と「地球人としての基礎」という二つの可能性があると書きました。そして後者こそ「教科化」へ真の展望を開くと論じましたが、

> しかし、このような抽象論が国民の大方を説得できそうもないことは明らかである。実績とデータによる裏づけが必要である。

とも書いています。「総合的な学習の時間」で英語が導入される現段階では、小学校英語の効果は態度や興味などの情意面の発達にあるとする見解が有力ですが、それが心情論や抽象論に止まる限りは、多くの支持は期待できないと思われます。

第 IV 部

カリキュラムづくりを具体的にどう進めるか

第1章
カリキュラムづくりの視点
第2章
特色あるカリキュラムづくりに学ぶ
第3章
1校1校からの出発

第1章 カリキュラムづくりの視点

1. カリキュラムを学校がつくる：SBCDの考え方

　学校完全週5日制に対応して2002(平成14)年度から始まった学習指導要領では、それぞれの学校の創意工夫を生かした教育活動を実施することが強調されています。とりわけ新設された「総合的な学習の時間」は、その具体的教育内容が全面的に学校に委ねられるという意味で、各学校のカリキュラムづくりの中核と見なされています。

　小学校への英語の導入は教科としてではなく、当面、この「総合的な学習の時間」の選択肢の一つである国際理解教育の一環としての英語活動として行うことが可能になりました。1992(平成4)年から始まった研究開発学校での英語の実験的導入を経て、いよいよ一般の公立小学校でも英語のカリキュラムづくりが始まろうとしています。

　ところが英語だけではなく、この「総合的な学習の時間」での学習について、何らガイドラインがなく、目標や内容が明確に示されないことで、何を教えたらよいかわからないという不安と不満の声が多く聞こえました。「一定の基準」や「明確に規定された学習内容」がなければ、教えようがないというのです。これに答え、初めのうちは何も出さないと言っていた文部科学省も各種の事例集や、英語に関しては前述のように、『小学校英語活動実践の手引』を結局作らざるを得なくなりました。このことは、私たちがこれまでいかに教育内容を上から与えられることを当然のこととし、つまりは上意下達のナショナル・カリキュラムに慣れていたかを、改めて実感させるものでした。

　そこで、松川(1999b)でも述べたことですが、改めて、カリキュラムづくりの意味を再確認しておきたいと思います。まず、カリキュラムという言葉で何をイメージするでしょうか。ある人は、学習指導要領のような制度的、公的な枠組を、またある人は英国のナショナル・カリキュラムのような国家的な教育内容基準を思い浮かべるでしょう。あるいは、紙の上に書かれた教育課程表、教育計画、時間割を思い浮かべる人もいることでしょう。そこに

はカリキュラムを「創る」という発想はありません。

けれども、目の前の一人ひとりの子どもや、教える主体としての一人ひとりの教師を考えれば、まったく異なるカリキュラム観が出てきます。カリキュラムの語源は、ラテン語の *currere*（to run: 走る）と言われています。走る―競争路―学習の履歴―学習経験と展開され、近年の教育学では、カリキュラムを「学習経験の総体」と見なす広義の考え方が主流となっています。そういえば履歴書を curriculum vitae と言います。つまり子どもが学びとっている内容すべてがカリキュラムというわけです。そこでは、教育内容は教科書や教材プログラムとして教室の外から与えられるものではなく、

> 教室における教師と子どもたちの活動によって媒介されたコミュニケーションによって構成されるもの（佐藤、1999）

としてとらえられるのです。

このようなカリキュラム観に立って、初めてカリキュラムは「創る」ものになり得るのです。「子どもが何を学んだか」という問いに対し、学習指導要領で規定された言語材料や教科書の内容を挙げて答える時、カリキュラムは決して「創る」対象とは考えられてはいません。本来、カリキュラムの主要な開発の場は学校であり、教室であるべきで、トップダウン式にカリキュラムを開発し全国一律に普及していくような時代は終わったと考えるべきではないでしょうか。

はるか以前、すでに1970年代に経済協力開発機構（OECD: Organization for Economic Cooperation and Development）の教育研究革新センター（CERI: Center for Educational Research and Innovation）は「学校に基礎を置くカリキュラム開発」（SBCD: School-Based Curriculum Development）という考えを提唱しています。そして1974（昭和49）年に東京で開催された「カリキュラムに関する国際セミナー」で、この考えはわが国にも知られるようになりました。教科中心の伝統に、新しく「総合的な学習の時間」を導入した今回の教育改革は、実にそれから四半世紀たって日本の学校教育に SBCD 的発想を本格的に導入しようとしているように思われるのです。

さまざまな病理現象が顕著になりつつあるわが国の学校教育が、再び活力を取り戻せるかは、SBCDにそれぞれの学校がどう取り組めるかにかかっているように思われます。小学校における英語活動についても、それがいわゆ

る「総合学習」とは異質であるとしても、子どもが受身的に英語を覚える時間ではなく、外国語という未知の道具を使い、自分なりに「追及する」時間であってほしいと思います。基本は、各学校が子どもたちの学習生活の全体を見渡して、無理なく子どもと英語の関わりを創造するカリキュラムづくりを始めることだと考えます。

2. 公立小学校における英語活動の特色

中学校や高校における従来の英語学習では、「英語」という言葉の体系を学び、同時に英語の読み、書き、聞き、話すという4技能に習熟するということが中心的課題でした。このような英語学習に慣れ親しんできた人には、小学校で始まっている英語活動は、ずいぶん異質な感じがすることでしょう。そこで、公立小学校での英語活動がどのような点で、これまでの中・高の英語教育や私立小学校での英語教育と異なるのかについて以下のようにまとめてみました。

(1) 教科ではないから、一律の学力到達目標がない

教科であれば、学習指導要領にどのような学力をつけるのかを示す、概括的な目標や学年ごとの到達目標が掲げられますが、小学校の英語に関してはそれがありません。学習指導要領の中で特に英語学習に関連して書かれているのは、すでに述べたように、「第1章 総則の第3 総合的な学習の時間の取扱い」のうち、「5の配慮事項の(3)」にある、

> 国際理解に関する学習の一環としての外国語会話等を行うときには、学校の実態等に応じ、児童が外国語に触れたり、外国の生活や文化などに慣れ親しんだりするなど小学校段階にふさわしい体験的な学習が行われるようにすること。

という箇所のみです。この一節には、英語学習をどのように進めていくか、授業ではどんなことをするのか、は述べられていますが、どのような学力を育て、どんなレベルまで到達させるのかということは書かれていません。

(2) 学校により、目指すものは多様である

したがって、学校の実態や子どもたちの興味・関心に応じて目標を設定すると、「外国語に触れたり」の部分を強調し英語学力に重点を置くもの、「外

国の生活や文化などに慣れ親しむ」ことを強調して国際理解や異文化理解に重点を置くものなど幅が出てくるだろうと思われます。すでにそういう傾向は、研究開発学校などのこれまでの先進校でも見られました。表1は、いくつかの研究開発学校が掲げた英語学習の全体目標をまとめたものです。

　抽象的な表現が多いのですが、これを見ると、同じく英語学習と言っても、目指すところは微妙に異なることがわかります。この表では大きく3つのタイプに分類しておきました。ただし、個々に掲げた目標はそれぞれの学校が、最初に研究開発学校の指定を受けた時点のものであることをお断りしておきます。

表1　研究開発学校が掲げた全体目標例

タイプ	学校名（教科名）	全体目標
英語コミュニケーションの基礎づくり	福井市湊小学校	英語に親しみ、進んで外国の文化に関心をもつことのできる子をめざして
	岐阜県生津（なまづ）小学校	英語に対する興味・関心をもち積極的にコミュニケーションを楽しむ態度の育成を図る
	大垣市中川小学校	英語に親しみ、コミュニケーションを楽しむ児童の育成を図る
	金沢市南小立野（みなみこだつの）小学校（英語活動）	英語に親しむ・英語を使ってみる・進んでコミュニケーションしようとする
	西尾市花ノ木小学校（英語科＋ワールド学習）	英語学習を通して、外国の文化や習慣に触れ、外国の人々と積極的にコミュニケーションを図ろうとする
	東京都駒場小学校（国際科）	身近で初歩的な英語に親しみ、体験的な活動を通して国際的な視野でコミュニケーションを図ろうとする態度を育てる
	長崎県伊木力（いきりき）小学校	言語や文化に対する関心を深め、国際理解の基礎を培うために、外国語を理解し、外国語で表現する基礎的な能力を養う機会に触れ、外国語で積極的にコミュニケーションを図ろうとする態度を育てる
	鹿児島大学附属小学校	具体的な活動や体験を通して、自分と身近

第1章 カリキュラムづくりの視点　107

自己表現力の育成	（英会話）	な外国や外国の言葉に関心を高め、自分自身や自分の生活について考えるとともに、進んで英会話を楽しもうとする態度を養う。
	京都府御牧（みまき）小学校 （英語活動）	はきはき意思表示、のびのびと自己表現ができる資質を培う英語活動の在り方をもとめて
	広島県廿日市金剛寺（こんごうじ）小学校 （コミュニケーション科）	生き生きと表現する子どもをめざして・いろいろなコミュニケーションの手段のひとつとしての英会話
	滋賀県湖東（ことう）第二小学校	国際社会を生きぬくための、豊かな表現力を持った子どもの育成——英会話に親しみ、国際性の基礎を身につける活動のあり方
	長野県軽井沢東部小学校 （英語体験科）	未知のものに興味を持ちかかわろうとする。相手の意向をくみ取り、体全体を使って反応しようとする。簡単な英語表現、動作、身振り、表情、図、絵、数字、記号など具体的なものを使って、自分の考えを表現できる。自分たちの文化とは異なる文化に気づくことができる
国際理解／異文化理解	大阪市真田山小学校 （国際理解・英語学習）	国際理解の基礎を培う英語学習のあり方
	富士市吉原小学校 （国際交流科）	国際社会において最も多くの人々が用いる英会話の学習を通して、自己と他者、自国と他国の類似点や相違点を理解し、それらを受け入れながら自分を表現することができ、様々な人々と触れ合うことを楽しもうとする態度、能力を育てる
	浜松市西小学校 （国際文化科）	相手の考えや立場を理解・尊重し、国際社会を豊かにたくましく生きる基礎的な資質や能力を育てる。ごく自然な英語を聞く・話す活動を通して英語に親しみ、積極的に対話を図ろうとする意欲や態度を育てる
	奈良県橿原市耳成西（みみなしにし）小学校 （英会話クラブ＋国際理	児童の諸外国や異文化に対する興味・関心を中心に据え、外国語に楽しくふれる場を

	解教育）	設定し、諸外国の文化をより広く、深く知ろうとする意欲をもつ子どもを育成する
	北九州市皿倉小学校 （ワールドタイム）	英語を学習するのではなく、英語を手段として、ゲーム、歌、ダンス等の体感を使った活動を通して、自国文化理解、他国文化理解、コミュニケーション能力の育成、国際協調の心を育てていくことをねらいとしている

注：（　）内は英語学習の時間の名称

　3つのタイプに分類した英語学習の第一は、英語を使って行うコミュニケーションを楽しみ、積極的に外国語を使ってコミュニケーションする態度を育成しようとするものです。目指すところは、英語コミュニケーションの基礎づくりであり、このタイプが数としては、一番多いと思います。第二は、自己表現力の育成を目指し、英語を使うことで自己表現力をより豊かにしようとするものです。第三は、英語そのものの学習というより、英語を手段として諸外国の文化への関心、理解を深めようとする、国際理解・異文化理解型と言えます。図1はこの3つの方向性を示したものです。

図1　英語活動・英語体験の目指す方向

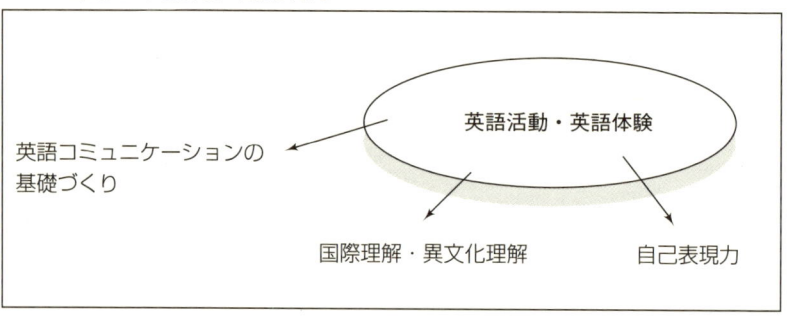

　いずれも実際に英語を使い、外国人と触れ合う経験を核としながら、英語でのコミュニケーションへの関心や積極的な態度を養う、自己表現の幅を広げる、国際理解、異文化理解への興味、関心、理解を深めるなどそれぞれの方向にベクトルを向けながら、特色のある展開をしようとするものです。

（3） 活動・体験中心シラバスによるカリキュラムづくり

　研究開発指定校等でこれまでに開発されたカリキュラム事例を見ると、中・高の英語教育と異なり、単語や文法事項、文型などの言語材料を構成単位の核としているものが少ないのが顕著な特徴となっています。言語材料に代わって、子どもに英語でどんな活動や体験をさせるかが、カリキュラムづくりの中心であり、したがって活動・経験がカリキュラムづくりにおいて内容を選択し決定する、つまりシラバス・デザインする際の基礎単位になっていると考えられます。英語の時間が「英語活動」という名称で呼ばれるゆえんです。

　活動や体験がシラバス・デザインの基礎単位であるということは、活動や経験を特定の単語や構文などを覚えるための単なる指導技術とはとらえていないことを意味していると考えられます。シラバス・デザインの単位については、近年におけるコミュニケーション能力重視の外国語教育の潮流の中で、従来の文法シラバスに代わり、場面、機能、話題、タスク（課題）中心などの多様なシラバスが提唱されてきたことと関係していますが、ここでは重複を避け、拙著（1997）をご覧いただければと思います。

　いったい「英語を学ぶ」という経験は、どういう経験であり、具体的にどのような活動や体験の連続から構成されるものなのか。単語や構文を一つひとつ、部品のように学んでいけば、いつかコミュニケーションできるようになるという従来の英語学習観とはまったく違うアプローチが、そこにはあります。言葉としての本来の機能が十分発揮された、英語での何かまとまりのある経験をまず小学校時代にはたくさんさせる。そのことが、中学校以降での外国語学習への興味の喚起と内発的動機づけになるとの認識があるのです。

　例えば、前著（1997）でも紹介した1994（平成6）年度からの研究開発学校、岐阜県生津小学校の1年生の「色と形であそぼう」では、自分のほしい色と形のカードを手に入れて、自分のデザインした洋服を作るために英語を使います。英語でのやりとりは、

```
A: What color?
B: Pink, please.
A: What shape?
B: Circle.
A: How many?
B: Two, please.
```

のような実に簡単なものですが、自分の欲求充足のために言葉を使うという立派なコミュニケーション体験になっています。

　また、やはり研究開発学校だった長野県軽井沢東部小学校5年の「英語体験科」で行われた「Woodpeckers（きつつき）」という単元では、子どもたちが学級活動として続けてきた野鳥観察をもとに、日本にしか生息しないアオゲラについて、名前の由来、分布、姿、声、巣、食べ物など調べてきたことを、絵、身振り、簡単な英語を使って、ALTに伝え、また逆にALTの話すアメリカのドングリキツツキの概要を聞き取る活動を行いました。

　こういう事例を見ていくと、小学校での英語カリキュラムづくりとは、英語を使っての「学びの経験のデザイン」に他ならないことがわかります。外国語としての英語の使用を通して「何を」学ぶのでしょうか。前述の例で言うなら、ひとつは、日本語と異なる言葉でも、その特有のルールに従って使用することによって伝えたい内容は同じように表現でき、自己の欲求を充足させることができることを体験することと言えるでしょう。また、言葉は民族、地域の生活に深く根ざすものであり、その独特の表現があることを知り、にもかかわらず共通性をもち、互いに理解可能なものであることを体験することでもあります。

　もちろん、実際に英語を使用するためには単語や文を学ぶことを切り離すことはできませんが、外国語としての英語使用を通して自由に教育的体験をデザインすることと考えた時、カリキュラムづくりは大変ながらも実に楽しい作業と言えるのではないでしょうか。

3. 学校におけるカリキュラムづくりの進め方

　さて、SBCDといっても普通の学校では「学校裁量の時間」くらいしか、カリキュラムづくりの経験がありません。ですから、学校独自のカリキュラムをつくり上げる道のりははるかに遠く、成果を急いではなりません。完成品をすぐに目指すのではなく、一歩一歩、失敗から学びながら地道に積み上げていくしかないのです。研究開発学校など先進校のカリキュラムは参考にはなっても、特別の条件下で開発されたものであることを理解すべきです。そういうものと比べていたずらに焦ったりせず、道のりの遠さを楽しむくらいの余裕がほしいものです。まして、英語活動のカリキュラムづくりは大部分の小学校教員にとっては未知の体験だと思われます。そういう条件を不利

だとばかり考えず、子どもと共に英語との新鮮な出会いを大事にしてほしいのです。

また、先に述べたようにカリキュラムが子どもの「学習経験の総体」であるならば、カリキュラムづくりはもともとエンドレスの仕事であると言えます。一歩一歩カリキュラムを蓄積し、改善していくためにはいくつかの留意点があります。以下、列挙してみます。

(1) 学校の中にカリキュラムづくりのシステムを作ること

筆者の知る限りでは、これまで小学校にカリキュラム開発を担う校務分掌はなかったと思います。全学年にわたって、それぞれの単元の教材資料などを保管し、記録をつけ、学年会を組織し、指導計画の点検、改善に責任を持つ学校全体の英語カリキュラムを統括する組織、システム作りがこれからは必要になるでしょう。

公立小学校に英語を導入する場合、仮に特定の先生やALT、ボランティアなど、実際には限られた人が授業を担当するとしても（そういう体制には基本的に筆者は反対ですが）、子どもが経験する英語カリキュラムは、学校全体の共通理解が得られなければ成功しないと思います。一人ひとりの先生がどのように英語活動の時間を進めていくかは、もちろん重大ですが、問題を指導者個人とその指導技術に還元してしまうと、学校全体のカリキュラムとして蓄積され継承していくことができません。ひとりの優れた実践者が転出すると終わりでは困るのです。

特に今回「総合的な学習の時間」が導入されたことで、従来の教科研究部会のような組織を超えた新しいカリキュラムづくりの協力体制が生まれることが期待されます。

(2) 子どもの学習生活の全体を見わたすこと

小学校に英語が導入されるというと、教職員の対応としてはすぐ英会話研修という話になりがちです。小学校での英語活動のカリキュラムづくりは、ただ単に教える単語や文を並べることではありません。広く子どもの学習経験や学習環境を見わたして、子どもと英語の適切な関わりをつくりあげることが大切です。学年や各教科の枠を越えて、子どもの学習状況を分析することです。その上で、子どもにどんな英語体験がふさわしいかが決定できると思います。

(3) 保護者や地域の人々、子どもの参加も必要

2000（平成12）年度に文部省が「地域における子どもの外国語学習支援事業」と称する新規事業を始めたことは、第Ⅰ部でも述べたように話題を呼びました。このことが直接、公立小学校での英語活動の体制に影響を与えたかについては、まだはっきりした答えは出ていません。しかし、規制緩和と地方分権化の大きな流れからすれば、官民の区別がゆるくなり、公立学校といえども学校経営に民間人の参加は避けられない方向が出てきています。しかも、本来パブリック・スクールは地域と密接な連携を持つべきものであることに、間違いはありません。保護者や地域への公開と参加、及び教育成果の「説明責任（アカウンタビリティ）」は必須の方向であると考えます。

英語の SBCD においても公開と参加の原則は不可欠です。指導者や補助者として保護者や社会人を登用するかどうかは地域の状況によると思います。それ以外に、指導計画作成の段階や評価段階などへの父母や地域住民、子どもを参加させ、意見や助言を求めることも今後必要になってくるでしょう。小学校への英語導入の真の姿を知ってもらい、過度な塾通いなどの誤解にもとづく行動をなくす意味でも、このことはとりわけ重要だと考えます。

4. 英語活動カリキュラムづくりの実際

(1) 配当時数の計画と目標レベルの設定

「総合的な学習の時間」は小学校3、4年で年間105時間、5、6年で110時間の設定が標準です。週あたりにして、約3時間の設定になります。「総合的な学習の時間」のすべてが英語活動にあてられるとは考えにくいので、英語活動が導入される場合でも週1時間が最大ではないかと予想されます。また、今回の学習指導要領では学習活動の特質に応じて時間割の弾力的編成が容易になっているので、まとめて数時間分をとったり、毎日10分ずつというような編成も可能になります。これまでの研究開発学校での事例などを見ると、

① 週5日、毎日10分
② 25分の活動を週2回
③ 週1時間
④ 月2回
⑤ 月1回
⑥ 上記の組み合わせ

第1章 カリキュラムづくりの視点　113

のいずれかが大部分だろうと思われます。しかし、1996（平成8）年から1998（平成10）年度の研究開発学校の指定を受けた高知県田野小学校の例のように、ALTが来校可能な週2日だけに限定して、順に各学級が活動するというような組み立てもあり得ます。各校が学校全体の時間割の中に、英語活動の時間を確保することが先決で、その上で、その時間枠内でどのような内容の英語活動プログラムを計画するかが現実的な課題になります。

　学習内容の目標レベルをどのあたりに設定できるかは、まさに各校の条件次第と言えます。しかし、当面教科としての導入ではないという大前提の下では、図2のような英語体験プログラムを軸とした各種の展開という形が現実的だと考えます。伊藤（1999）は、アメリカの小学校の外国語教育プログラム4タイプを紹介していますが、その中で外国語体験プログラム（FLEX: Foreign Language Experience/Exploration）と呼ばれるタイプに相当し、これが日本の現状には適していると考えます。英語に触れさせ、基本語句をある程度身につけさせ、将来の外国語教育への興味を喚起することを主たる目的とするものであると考えられます。

　学校の実態により、週1時間以上、または毎日帯番組的に時間が確保できる条件が整い、上記のプログラムを数年続けた子どもたちには、より本格的な学習プログラムへの発展も可能と思われます。多くの人が提唱している、英語での聞く、話す能力を身につけさせるいわゆる小学校外国語教育（FLES: Foreign Language in the Elementary School）になります。しかし一般には、これは教科としての実施の段階と考えられます。

図2　外国語体験プログラムからの発展の選択肢

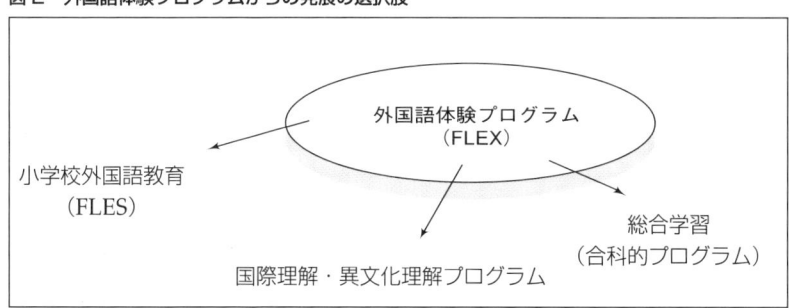

　2節の（3）で示したような活動・体験中心の学習とは、文字どおり外国語体験プログラム（FLEX）であり、その一部は、英語学力育成まで踏み込み、

また他の一部は国際理解中心カリキュラムへ、または他教科、他領域との合科的総合学習への発展も選択肢としてあるでしょう。

(2) 題材（テーマ）・場面の選択

活動・体験中心のカリキュラムづくりでは、(1)で述べたおおよその配当時数と目標が決まれば、一回ごと、あるいは月など単位ごとに、題材あるいは場面を設定すると計画が進めやすいと思います。題材の選択は、

① 家庭生活や学校生活など子どもの身近なもので（色、食べ物、動物、身体、遊び）
② 地域の特性を生かして（わが町紹介、祭り）
③ 学校行事とつながりをもたせて（遠足、修学旅行、ウォークラリー）
④ 季節にふさわしいもの（七夕、夏休み、正月、豆まき、冬の遊び）
⑤ 時には他教科と関連させ（数、色と形、わが町探検、野菜を育てる、ワールドツアー）
⑥ 国際理解や異文化理解につながるもので（クリスマス、ハロウィーン、食べ物）
⑦ 子どもの発達段階に応じて（将来の夢、いろいろな職業）

などのポイントに留意して行いたいものです。

また、場面の選択は、

① 子どもにとって身近である
② 子どもが興味と関心を持っている
③ 子どもたちの想像力をかきたてる
④ コミュニカティブな活動につなげていける

ことを考慮して行います。実際に多くの学校で取り上げられている場面は、買い物、道案内、電話、レストラン、自己紹介、学校案内、外国旅行（出国、飛行機で、入国）、比較的珍しい場面は病院、お天気キャスター、占いごっこ、地元名所の観光案内などです。

(3) 活動内容の決定

表2は、研究開発指定校で実際に行われてきた活動や体験のうち、主として英語に関わるものについて整理・分類したものです。簡単な英語を聞いて体を動かすだけのものから、学級会を英語で進行したり、創作劇のような自己表現活動まで、音声中心の活動だけでも実に多様です。いろいろな活動が

単なるドリルや文型練習ではなく、それ自体が目的とまとまりをもった言語活動であることが重要です。

表2 英語に関わる活動・体験の分類

活動・体験の種類	活動・体験の内容	その意義
英語の音、リズム等に親しむ学習活動	歌・チャンツ TPR（Total Physical Response） ビデオ視聴	慣れる ⇩
英語の単語や表現に習熟する活動	ゲーム（バスケット、ビンゴなど）	実際に使ってみる ⇩ 考えて、新しいものをつくる
英語の機能・英語使用場面に重点を置いた学習活動	買い物ごっこ、レストランで、道案内、電話で話す	
英語で体験する活動	料理を作る スポーツする（運動会） 町めぐり 学校・学級行事（学級会、誕生会、交流会、お別れ会）	
創作・自己表現活動	スキット作り、劇 Show and Tell カード作り、ビデオレター制作	

（4） 言語材料の選択

題材や場面を決め、どんな活動を設定するかを計画したら、そこで使う言語材料をあらかじめ想定します。例えば1年生の「色で遊ぼう」というような題材の場合でも、活動はビンゴ、クイズ、色塗り、ツイスター・ゲーム、カラー・バスケット、買い物ごっこなど様々に設定できます。例えば、買い物ごっこなら、花屋さん、帽子屋さんなどの場面で、

> A: Hello.
> B: Hello.　What color?
> A: Red, please.
> B: Here you are.
> A: Thank you.　Good-by.
> B: Good-by.

のような簡単なスキット形式の言語材料を用いることができます。また動物当てクイズでは、

A: What's this?
A: It's black and white.
B: It's a zebra.

ツイスター・ゲームでは、

A: Ready? Touch the pink circle. Next, touch the brown circle.

などの言語材料を用いることができます。

　留意すべきは、単語や文を聞いて何かすること、また実際に言ってみることが大事で、単語を時間内に全部覚えること、スキットを暗記することが目的ではないという点にあります。

　また、言語材料の選択と配列には、中・高の英語教育のように一定の基準があるわけではありません。一般的には、学習年限に応じて、同じ題材や活動であれば言語材料の量を増やしていくということは言えるでしょう。しかし、「学習年限に応じて」であり、「学年が上がるにつれて」ではない点に注意したいものです。必ずしも低学年の子どもにとって長い文が難しいとはいえないという実践校の報告も多いのです。

　奇妙な言い方になるかもしれませんが、公立小学校における英語活動のカリキュラムづくりを、「英語教育」という視点のみで考えることは、はなはだ危険だと考えます。英語教育の成果を上げるためだけに、小学校教育はあるわけではありません。先の3節の(2)で「子どもの学習生活の全体を見わたして」と述べたのは、そういう意味です。外国語指導助手を大幅増員して、徹底的に英語に触れさせれば、特に音声面ではしかるべき成果が上がるだろうと思われます。しかし、英語の発音だけがすばらしい子どもが育ってどうするのでしょう。小学校の先生が英語を通して子どもにつけてほしいと願っている力は、そんなものではないはずです。

　「総合的な学習の時間」で「国際理解教育の一環として」行う英語活動でどんな力をつけたいかは、当の先生方自身にもまだ明確ではないのかもしれません。また現実に、子どもは先生の意図や期待をはるかに超えて、英語表現を習得するかもしれないのです。ある子は、英語以外の外国語への興味を育てていくかもしれないし、お隣の国の民族音楽に傾倒していくかもしれません。それはこれから始まるカリキュラムづくりによるのであり、その主役は学校現場の先生と子どもであると考えたいのです。

　英語教育研究者が小学校英語活動の中に英語教育の理想像を求めるのは、

ある意味で当然のことです。しかし、小学校での学習開始が英語力向上に決定的だと考えたり、中学校や高校でうまくいかなかった英語教育の改革を、最後の切り札だとばかり、小学校の先生に委ねるというのは、どう考えても理屈に合いません。小学校英語活動は、英語教育の改革のためにではなく、新しい初等教育の枠組みを考える中で、小学校教育に新しい内容を盛り込むという発想のもとに考えられるべきものだと思うのです。

　小学校の先生方には、自分は子どもたちを英語に触れさせ、実際に英語を使わせることで何を学ばせたいのか、英語の学びをどうとらえ、つくっていこうとするのかをもう一度問い直してほしいと思います。情報を求めて、権威者といわれる研究者や理論家に引きずられたり、海外の動きにいたずらに惑わされることがあってはなりません。日本の、目の前にいる子どもたちの未来を想像してほしいのです。また、当面の授業を形式的に整えることに終始し、指導のテクニックやゲームの方法ばかりに習熟するのもどうかと思います。英語を通して子どもの学びを育てていくという、しっかりした哲学と、見通しを持った年間計画がなくては、教育活動に責任を持って携わるものとはいえません。万能のベスト・カリキュラムがどこかにあると考えるのでなく、自分の目の前の子どもたちと外国語との関わりをどうつくっていくかが大事なことなのです。

　それは、教師自身の国際感覚や外国語との関わりを再認識することにもつながります。英語がしゃべれるかどうかが問題の本質ではなくて、外国語を使って何をしたいのか、子どもに何をさせたいのか、それを考えることなしには本当の意味でのcourse of study（カリキュラム）はデザインできないのではないでしょうか。

　英語だから特別なのではありません。それは「総合的な学習の時間」で行うかもしれない環境学習や福祉でも同じことなのです。英語を体験することを通して、子どもの学びがいかに豊かになっていくのか、それを考えて実際につくっていく仕事は、実に創造的だと思うのですが。

第2章 特色あるカリキュラムづくりに学ぶ

およそ10年間に及ぶ研究開発学校を中心にした、小学校への英語教育導入の第1ステージの成果は、ある意味では『小学校英語活動実践の手引』に集約されたと言うことができるかもしれません。それ以降、つまり第1ステージの終わりから第2ステージにかけて、いくつかの特色あるカリキュラムづくりの試みが見られました。その契機になったのは、ひとつには、「総合的な学習の時間」という要因だったと思います。英語と総合学習との組み合わせは、多くの人の首を傾げさせるものでしたが、その疑問と混乱の中からも、それをプラスに変えるような実践はつくられていきました。また研究開発学校以外に、各自治体でも独自のプランによる実践が広がりを見せました。同時に研究開発学校等の先進校での英語学習期間が長くなってくる中で、カリキュラムの系統性ということが大きな課題になってきました。ここでは、第2ステージの展望を開くいくつかのカリキュラムづくりの事例を紹介したいと思います。

1. 地域全体で取り組む英語活動のカリキュラムづくり：岐阜県各務原市の「英語に親しむ時間」

研究開発学校が各県1校に広がった1996（平成8）年頃になると、金沢市や京都市など地方自治体独自で英語教育に取り組むケースが出てきました。

岐阜県各務原市でも、英語教育と情報教育に力を入れ、しかも、それを組み合わせて展開しようという市の教育改革の方針を受けて、市教育委員会と市小学校校長会が連携し、1996（平成8）年度に「外国語に親しむ時間」設置のため準備委員会を発足させました。メンバーは、小学校校長会代表3名、小学校教頭会代表1名、教諭代表3名、教育委員会代表3名で構成されました。

準備委員会では、小学校における英語教育と情報教育をどのように具体的に進める等について話し合い、発足当時準備委員会の中心的存在であった先生が、同県本巣郡穂積町（現・瑞穂市）での取り組みに詳しかったこともあ

り、岐阜県本巣郡穂積町の牛牧(うしき)小学校や、穂積小学校の様子を視察に行きました。穂積町には拙著（1997）で紹介した、文部省の研究開発学校だった生津(なまづ)小学校がありますが、むしろ、生津小学校のように指定を受けていない学校を参考にして、無理のない実践ができるようにしようという意図がありました。準備委員会では、各務原市で英語教育を導入するにあたっては、市内の小学校が同一歩調で行くことにかなり神経を使ったと、後に委員の一人が語っています。当時は、小学校でなぜ英語を始めるのか、無理矢理させられるのは、かなわないという意見も現場にあり、少しずつ無理のないように進めることが前提でした。

　準備委員会の話し合いを受けて、1997（平成9）年度には、「外国語に親しむ時間」を市内全小学校で試行しました。市からの要請もあり、小学校教育においても英語とパソコンの学習が必要不可欠と考え、「英語クラブ」と「パソコンクラブ」を作りました。平成9年度は、まだそれぞれの学校の裁量に任されている部分が多かったといえます。パソコンクラブでは、岐阜大学教育学部教授（当時）藤掛庄市氏が開発した英語ソフトを中心に活用しました。藤掛氏は後に各務原市の教育委員に就任しました。

　1998（平成10）年度になって、英語とパソコンの活動をさらに発展させるため、市全体で推進の母体になる組織が必要と考え、「外国語に親しむ時間常任委員会」と「外国語に親しむ時間専門委員会」を設立しました。この時点での「外国語に親しむ時間」の基本方針は次のようなものでした。

・朝の活動を週1回は実施し、学校の実情によるが、できれば週3回程度確保する方向で進める。
・「ゆとりの時間」をつかって、週1回を目標に、各学級又は学年で45分の活動をしくむ方向で実践する。
・KET (Kakamigahara English Teacher: 市独自に雇っている外国人講師)の派遣は、各学級2時間行う。

　1999（平成11）年度からは、「外国語活動」は英語のみに絞るということで「外国語に親しむ時間」を「英語に親しむ時間」と名称変更しました。また、KETの派遣は、各学級年間3時間に増やすことになり、市内16校のすべての小学校で、ほぼ全学年、各学級で週1時間の英語活動実施の方針が出ました。

　2000（平成12）年度からは「総合的な学習の時間」を使い、「英語に親しむ時間」を継続し、すべての学級において週1回程度「英語に親しむ時間」を

確保する方向で実践しています。KETと触れ合う英語活動は、1学級あたり3回程度行い、それ以外にも各学校の創意と工夫により幅広く国際理解教育のための国際交流等の活動も行っていくことになりました。また、朝、昼の活動は、週3回程度とし、学校独自の工夫でテレビ放送、音楽の放送などの活動を行いました。

さらに2001（平成13）年度になると、専門委員会で「英語に親しむ時間」の充実を図るための教員研修が実施されることになりました。また各小学校から1名ずつの教員を、各務原市が都市交流を行っているアメリカ・カリフォルニア州のセリトス（Cerritos）市に10日間の研修に派遣するプログラムも実施されました。小学5、6年生と中学生を対象にした英語宿泊講座も夏休みに実施されています。

次ページに、各務原市の「英語に親しむ時間」常任委員会及び専門委員会の組織図と取り組み計画（図3）を掲げました。

また、表3は、各務原市市内16の公立小学校における「英語に親しむ時間」の実施状況（平成12年7月）についてまとめたものです（当時の各務原市立鵜沼第二小学校・山本吉朗校長による提供）。調査項目は、

> ① 朝の活動・給食の時間等での実施、② クラブ活動での実施、③ 「総合的な学習の時間」での実施、④ その他特設での実施、⑤ カリキュラム編成の単位、⑥ 委員会組織、⑦ 研修

からなっています。自治体での実施状況の基礎データとして参考になります。

① 朝の活動・給食の時間等での実施については、1校を除き、すべての学校で行われており、月から土まで毎日、それも朝昼両方の実施も見られます。内容はビデオと生放送がほとんどで、市として組織的に教材開発をしてきた結果の現われだと考えられます。その他、担任が直接指導している例や、パソコンの利用も見られます。

② クラブ活動での実施については、パソコンクラブで実施したり、パソコン英語ソフトが活用されている点に、市が英語に加え情報教育に力を入れていることの反映が見られます。

③ 「総合的な学習の時間」での実施状況を見ると、平均年間時数は35時間、多いところは高学年で70時間になっています。対象学年は全学年がほとんどです。指導者に関しては、担任教師のみより、一部講師との協同授業

第２章 特色あるカリキュラムづくりに学ぶ　121

図３　各務原市「英語に親しむ時間」常任委員会及び専門委員会の組織と取り組み計画　（平成14年度）

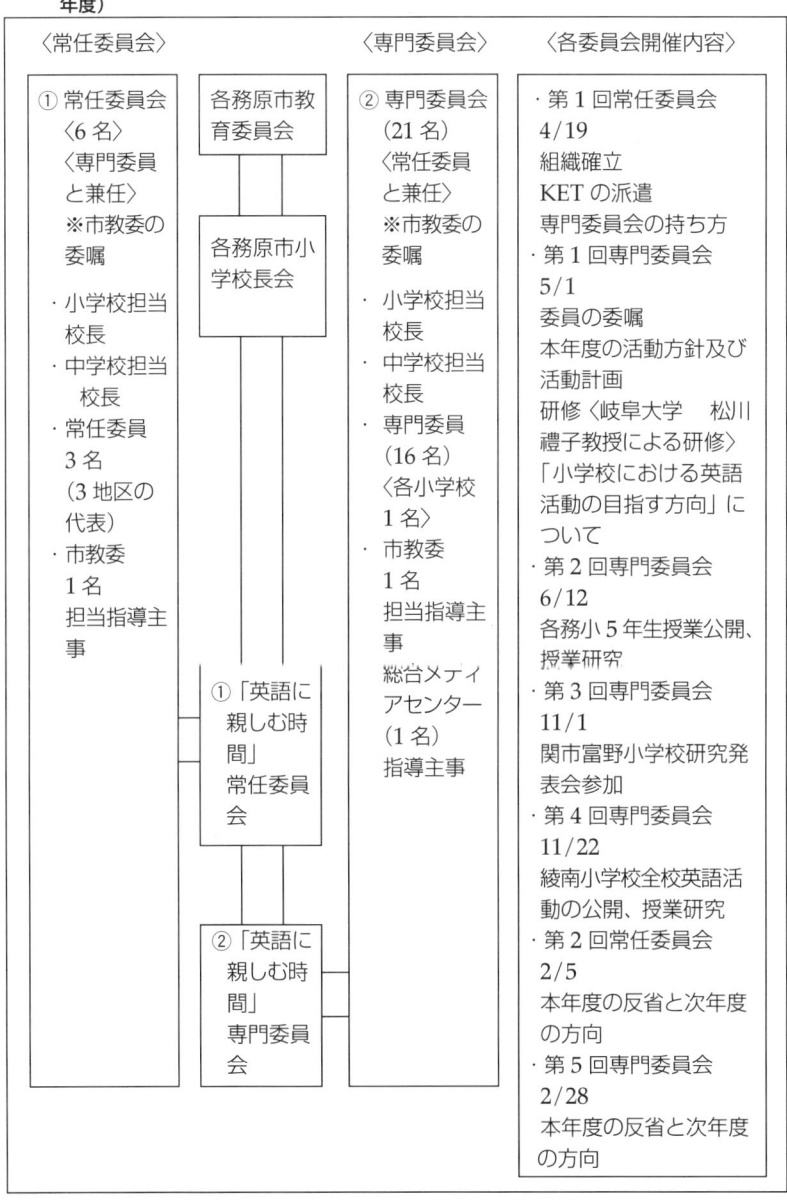

表3 「英語に親しむ時間」の調査（平成12年7月）

調査項目	1. 朝の活動・給食の時間帯									2. クラブ活動							
学校名	曜日（回数） ○-朝、●-昼、◎-朝昼					活動時間 朝の時間 昼給食時間 活動名	対象 全-全校 学-学級 年-学年	活動内容・方法				英語・英会話クラブ				PCクラブ		PCクラブ人数
								VTR	生放送	各学級・年	その他の方法	PC英語ソフト使用	PC教室使用	クラブ員人数	指導 教師と講師 担任教師のみ	PC英語ソフト使用	英語クラブと合同使用	英語クラブと別使用	
小学校	月	火	水	木	金	土													
A小	・	・	○	・	○	○	Love, L.E	全校	○	○	・	・	○		15	○	・	/	/	/	/
B小	・	○	・	○	・	・	Eng. Time	全校	○	○				12					4
C小	●	・	○	・	○	・	Eng. Time	全校・学級	○	○	○	・	○	隔週	13	○	・	○	・	14
D小	・	○	●	○	・	・	Eng. Time	全校					/	/	/	/	/	/	○	22
E小	・	○	●	・	○	・	英語の時間	朝全校学級・昼校	○	○		担任指導		18	○	・	・	○		40
F小	・	○	・	・	◎	・	英語	朝全校学級・昼校	○	・		末金集会	・	12	○	・	・		/
G小	/	/	/	/	/	/	/													
H小	○	・	・	●	・	○	ハローE	全校	○	○	・		9	○	・	○	・	39
I小	・	○	・	・	・	・	英語タイム	全校	○	○					20
J小	・	○	○	・	・	・	英語で遊ぼう	全校	○	○			○	隔週	8	○	・	/	/	12
K小	○	・	●	○	・	・		全校	○	○										
L小	・	○	他	・	・	・	ハッピータイム	全校	○	○	・	PC活用	/	・						17
M小	◎	◎	◎	○	○	・	ハロータイム	全校	○	○				18	○	・			17
N小							ジョイフルタイム	全校												38
O小	・	○	・	○	・	・		全校	○	○		○	他	9	○	・	○	・	9
P小	◎	○	○	○	・	・	ハロータイム	朝全校級・昼全校	○	○	音楽-（級毎）	・		12	○	・		○	21
合計	4/1	10/2	4/5	4/3	10/2	4/0	/	全校11 朝級全4・昼全4	14	13	3	4	4	2	126	10	0	4	1	11	253

① 使用英語PCソフト学校
・world series……………9
・キッズ英語デビュー……8
・カモンコニーちゃん……1
・スヌーピーの英語大好き……2
・耳蛸ランド……………5
・ドラネット………………2
・英語キッズのマジックランド……2
・ウルトラマンと英語で話そう……1
・バットナム幼稚園で話そう……1
・スマイルタウンキッズ英語……1
・ウルトラマンと英語で遊ぼう……2
・スペースステーションズクール……2
・English 21 for kids……1
・アルファプラネット……1

② 使用VTR
・ドラエモン英語会話教室……1
・ビデオでフォニックス……1
・英語で遊ぼう……9
・英語日本昔話・世界昔話……1
・コブリン島……………1
・ディズニー英語と遊ぼう……3
・ディズニーと歌おう……1

③ 使用TV番組
・えいごリアン……………13
・英語で遊ぼう……………5
・ポケットモンスター……1

第2章 特色あるカリキュラムづくりに学ぶ

3.「総合の時間」を使った「英語に親しむ時間」・KETとの授業は含まず										4. 特設		5. カリキュラム		6. 組織	7. 研修
年間授業時数等				指導者				交流会等行事		交流会等の行事その他	朝・昼		総合時間英語	既設委員会との兼務の場合は○印特設委員会の場合委員会名	学校内の英語研修回数前合計/後外部講師回数
年間時数	実施曜日	実施の時限	対象学年	担任教師のみ	一部教師と講師のTT	全部教師と講師のTT	講師は日本人・外国人	回数	対象学年		学級 or 学年 or 全校		学年別 or 全学年 or 低中高別		
35	年別	時割	全	○	·	·	/	/			朝全学年		学年別	新課程委	5/2
35	月	⑤	3,4	·	○	·	JA	/			朝全学年		学年別	英語推進	12/2
70	月金	⑤⑥	5,6				5名								
35	級毎	級毎	全	·	○	·	JA	/					全学年	学年別	○	4/1
22	級毎	級毎	1	·	·	○	JA	/					全学年	低中高別	英語活動	10/10
35	級毎	級毎	2〜4												
70	級毎	級毎	5,6												
35	火	⑤	全	·	○	·	·	/		/		低中高別	学年別	英語プロ	6/1
35	級毎	級毎	全	·	○	·	JA	12	全	(月1全校英語集会)	学年別		低中高別	英語特別	1/1
35	木	⑤	1〜2	·	○	·	JA	3	全	(全校英語集会予定)	/		学年別	学習部	12/12
70	級毎	級毎	3〜6												
35	水	⑤	全	·	○	·	JA	2	全	(全校ふれあい集会)	全学年		学年別	英語推進	15/10
35	級毎	級毎	全	·	·	·	外人	1	全	(KETと交流集会)	全学年		低中高別	○	1/1
12	木	⑤⑥	全	·	·	·	外人	/			/		全学年	学年別	英語推進	3/3
30	級毎	級毎	全	·	○	·	?	/			/	全学年	学年別	研究推進	12/12
35	水	⑤	全	·	·	·	·	/			/	全学年	低中高別	国際理解	2/2
35	級毎	級毎	全	·	·	○	JA	/			/	全学年	低中高別	英語委会	3/3
20	年毎	年毎	全	·	·	·	·	1	全	(全校学級交流集会)	全学年		低中高別	英語PC	24/24
35	年毎	年毎	全	○	·	·	·	/				全学年		学年別	英語PC	2/2
35	級毎	級毎	全	·	○	·	JA	/	/			全学年		学年別	英語PC	
AV 35	固定5	固定5	全年15	5	9	2	外2 J9	19	全年19		/		全13 別3	学年別10 低中高別6	特別14 兼務2	112/94

④ 英語活動推進への学校での校長の関わり：指導助言
・授業参観して指導助言する……………………8
・時には授業に参加して指導助言を行う…………8
・職員会で指導助言する……………………9
・英語推進委員会での指導助言する……………5
・VTR作成、生放送などへ時には参加する…………3
・英語研修の計画や実施について指導助言する………16
・その他：

⑤ 英語活動について

<児童>
・大変楽しんで取り組んでいる……6
・楽しんで取り組んでいる……10
・まあまあ楽しんでいる……0
・いやいや取り組んでいる……0

<教師>
・大変前向きに取り組んでいる……4
・前向きに取り組んでいる……9
・まあまあ前向きに取り組んでいる……3
・いやいや取り組んでいる……0

(Team-Teaching) という形態のほうが多くなっています。

　注目されるのは、学校内での研修の実施状況です。研修回数は年1回から24回とばらつきがありますが、半分近くは2か月に1回以上行っています。またデータがない1校を除くと、15校で112の学内研修のうち、94回は外部講師によるとされています。民間の英語教室に委託しての研修もあるようです。

　ここでは、中規模都市の公立小学校が足並みをそろえて英語活動に取り組もうとした場合の、組織づくりや体制づくり、計画を立ててから6、7年でどのくらい進むかということの実例が見られます。学校を超えた専門委員会を構成することで、各学校をリードする教員を育てること、またそれに対する校長会の理解と支援の必要性がわかります。

　各学校の英語活動が次第に充実してくると、共通したカリキュラムの作成への要望が出て、各務原市では平成14（2002）年3月に1年から6年までの全時間の指導案を『小学校における英語活動の指導計画』として200ページあまりの冊子にまとめました。

2．横浜市「小学校国際理解教室」のカリキュラム

　横浜市「小学校国際理解教室」については、その独自の教育活動がすでに後藤（1999）や後藤・冨田（編著）（2001）などで紹介されています。1987（昭和62）年度に本格的に始まったこの取り組みは、横浜市の国際理解教育の充実を図るための事業の一環として位置づけられてきたものです。

　国際理解教室は、横浜市が非常勤として雇用したIUI（International Understanding Instructor）と呼ばれる外国人講師を小学校に派遣し、学級担任と協同授業を行い、やさしい英語をコミュニケーション手段として使って、講師が自国の文化を子どもたちに紹介するという内容で実施されています。さまざまな外国人講師を通して、異なる文化を体験させることによって、子どもたちに国際性を身につけさせるのが目的です。授業は英語で進められますが、英会話を教えることがねらいではなく、英語はあくまでも、多数の異文化を学習する際の手段としての一つの共通語としてとらえられているところに、特徴があります。

　2003（平成15）年度現在では市内353校全校で実施されており、子どもたちは6年間で6か国のIUIから指導が受けられるようになっています。現

在のように、小学校へ英語が導入されるというずっと以前から実施されてきたこの事業が、今日注目されるのは、ひとつには「総合的な学習の時間」で国際理解に関する学習の一環として行われるという「英語活動」の趣旨を、まるで先取りしたかのような内容であると考えられるからです。さらには、これから各地で「小学校英語活動」を始めようとする時、行政が一体どのように支援すればいいのかということの、一つのモデルを示しているように思われます。この事業のための予算措置やIUIの採用、研修計画など、自治体が参考になることはいろいろありますが、ここではカリキュラムに限定して紹介することにします。

　横浜市「小学校国際理解教室」には、強制的な統一カリキュラムといったものはありませんが、横浜市教育委員会はこの事業開始9年目を迎えた1995（平成7）年3月に、日英両語で書かれた『小学校国際理解教室指導資料』（*A Guide Book of "International Understanding Classroom Program for Yokohama Elementary Schools"*）という冊子を編集し、市内各学校やIUIに配布しています。編集は横浜市教育委員会学校教育部指導第一課が行い、「はじめに」を学校教育部国際理解教育担当課長（当時）の長嶋清氏が執筆しています。

　その内容は、「小学校国際理解教室」趣旨及び事業概要、「小学校国際理解教室」の経緯、外国人講師派遣校における留意事項、「小学校国際理解教室」年間指導計画からなっています。学年ごとに各学期に、どの程度の活動が適当であるか、授業計画の参考になるようにと作られたものです。以下のような「年間指導計画一覧表」（表4）に続き、第1課から36課までの指導計画が載っています。各課ごとの指導計画には指導の過程とそれぞれの活動内容が記載されています。実施校の学級担任とIUIが授業の参考や打合せに活用できるように、日英両語で書かれていて、英語版のほうの指導計画には、語彙と構文の例が少しずつ挙げてあります。現在90名程度いるIUIも、この資料を参考にしながら、具体的な言語材料の選択や活動を決めていくと思われます。

第IV部 カリキュラムづくりを具体的にどう進めるか

表4 年間指導計画一覧表

学年	1学期	2学期	3学期
1年	第1課 ・ABC 第2課 ・名前と挨拶	第3課 ・色について 第4課 ・ジェスチャー	第5課 ・動物について 第6課 ・数字（1～20）
2年	第7課 ・体や顔の言い方 第8課 ・家族について	第9課 ・スポーツと趣味 第10課 ・衣服とサイズ	第11課 ・教室英語（1） 第12課 ・数字（20～40）
3年	第13課 ・月日の言い方 第14課 ・季節と天候について	第15課 ・食べ物、飲み物、味覚 第16課 ・時間の言い方	第17課 ・教室英語（2） 第18課 ・数字（40～60）
4年	第19課 ・病気と痛み 第20課 ・どういうの。	第21課 ・地図と方角 第22課 ・都市と学校	第23課 ・教室英語（3） 第24課 ・数字（60～100）
5年	第25課 ・料理について 第26課 ・物の形について	第27課 ・地理について 第28課 ・看板などについて	第29課 ・教室英語（4） 第30課 ・数字（100～1000）
6年	第31課 ・職業について 第32課 ・乗り物について	第33課 ・お金について 第34課 ・見たり聞いたりする事	第35課 ・美術や音楽について 第36課 ・物質について

（横浜市教育委員会『小学校国際理解教室指導資料』、p.4）

このうち第10課の指導計画を以下日英両語で載せておきます。

第2章　特色あるカリキュラムづくりに学ぶ　127

表5　第10課「身に付ける物とサイズ」(2年2学期)

過程	活動内容		
	国際理解教室講師の活動	児童の活動	日本人教師の活動
導入	・日本人教師と児童に挨拶をする。 ・身に付ける物の名前を使いながら日本人教師と簡単な会話をする。	・外国人講師に挨拶をする。 ・聞く。	・外国人講師や児童に挨拶をする。 ・講師との会話。
国際理解の観点	・講師の国のコスチュームの絵を見せる――もし可能なら講師自身が身に付ける。 ・講師の国の様々な季節や、それぞれの季節で身に付ける物について話しをする。	・よく見て語彙を繰り返す。	・児童と一緒に練習する。 ・物の提示の際、講師を補助する。
言語の観点	・靴、靴下等のありふれた身に付ける物の名前を紹介する。 ・児童に靴のサイズを尋ねる。	・身に付ける物の名前について練習する。 ・講師に答える。	・身に付ける物の言い方を児童と一緒に言う練習をし、その品物を指し示す。
ゲーム	・身に付ける物を使って説明しゲームをする。 ・重ねて着ておき、そして教室を出る、一つの物を取りそして教室に戻る。児童には何がないか推測させる。	・ゲームをする。 ・身に付けている物で何がなくなったかを当てる。	・講師と一緒にゲームをする。 ・理解できない児童を個別に指導する。
まとめ	・課の重点をまとめる。 ・日本人教師と一緒に簡単なまとめの会話をする。 ・日本人教師と児童に挨拶をする。	・外国人講師の後に続いて繰り返す。 ・外国人講師へ挨拶をする。	・外国人講師の後に続いて繰り返す。 ・外国人講師と簡単なまとめの会話をする。 ・外国人講師へ挨拶をする。
語彙と構文			

第Ⅳ部 カリキュラムづくりを具体的にどう進めるか

Lesson Ten ''Clothes and Sizes'' (Grade Two / Semester Two)

Procedure	I.U. Instructor's Activities	Students' Activities	Jpn Teacher's Activities
Warm Up	· Greet the teacher & students · Simple dialogue with teacher using clothes names	· Greet the IUI · Listen	· Greet IUI & students · Dialogue with IUI
I.U. point	· Show pictures of the costumes of our country—If possible wear one yourself · Talk about the different seasons in your country and the clothes you would wear for each season	· Watch and repeat vocabulary	· Practice with students · Assist IUI with the material presentation
Lang point	· Introduce the names of common clothes: Shoes, Socks, ... · Ask students the sizes of their shoes, ...	· Practice saying clothes names · Answer IUI	· Practice saying clothes names with students—and point to the items
Game	· Demonstrate and play a game using clothing {Put on several layers and leave the room, remove one item, then return to the classroom, ask the students to guess what is missing}	· Play game—guess the missing item of clothing	· Demonstrate game with IUI · Help individuals who don't understand
Re-cap	· Review points of lesson · Simple closing dialogue with teacher · Greeting to teacher & students	· Repeat after IUI · Greeting to IUI	· Repeat after IUI · Simple closing dialogue with IUI · Greeting to IUI
Vocab. & Struc.	* Shirt, Pants, Skirt, Dress, Jacket, Coat, Shoes, Sock, Sweater, Hat, Gloves * "I am wearing a _____ ."		

ほとんどの場合、各学校は毎年異なる出身の外国人講師を1人、IUIとして派遣されて、全クラスについて平均して4〜5回程度の授業が行われます。日数にするとIUIは一つの学校に十数回から30回くらい来ることになります。各小学校の国際理解教育活動は、この「国際理解教室」だけではなく、例えば2001（平成13）年度の1年間には「よこはまこども国際平和スピーチコンテスト」への参加、IUIとの交流会、国際理解週間、ユニセフ募金などの活動も行われましたが、IUIの着任式から始まり、離任式で終わるように、「国際理解教室」を担当するIUIの存在と、その授業が中心であることは間違いありません。

以下にカリキュラム例を挙げておきます。

表6

カリキュラム例1（シンガポール出身のIUI）
① シンガポールの紹介
② トロピカルフルーツの紹介
③ シンガポールの罰金制について
④ シンガポールの料理の紹介（タピオカメロン作り）
⑤ クリスマスの紹介（クリスマスカード作り、クリスマスツリー作り）
⑥ シンガポールのお正月の紹介
⑦ 民族衣装の紹介

カリキュラム例2（スペイン出身のIUI）
① スペインの国や文化について（挨拶、国旗、フラメンコ、カスタネットなど）
② スペインのお金や物価について（地元の広告など）
③ スペイン料理作り（トルティーヤ）
④ クリスマスツリー作り、歌、ゲーム
⑤ ABCゲームなど

カリキュラム例3（ガーナ出身IUI、アメリカ出身IUI）
① Introducing Ghana (Hand game)
② Houses and Cocoa (Damu game)
③ 日本とアメリカ合衆国の違い（貨幣、国旗など）
④ 道路標識を使って「左右。止まれ。進め。」などの言葉を使う練習

動物の名前と鳴き声の日米の比較。ゲーム。
　⑤ クリスマスとお正月
　⑥ 日米の学校の比較。設備や習慣など。
　⑦ 日米の昔の遊びとアメリカのおもちゃ

カリキュラム例4（オランダ出身 IUI）
① アメリカ、オランダ、日本の比較
　　国の位置、国旗、気候、暮らしの特色
② オランダの風車の絵描き
③ クリスマスの習慣の違い
　　サンタクロースの衣装、行われる日、クリスマスに食べる菓子
④ オランダの冬のスポーツ……スケートが盛ん
⑤ 日照時間の違い
　　夏時間、冬時間がある

カリキュラム例5（フランス出身 IUI）
①（全学年）フランスの紹介
②（全学年）動物の名前、フランス料理とテーブルマナー
③（全学年）フランスのゲーム（ラ・ピ・トウンク）
④（3年以上）学校の行事や日課、ジェスチャー（名前当て）
　（2年以下）ジェスチャー（喜怒哀楽9つの顔の写真）
⑤（3～6年）ボールゲーム

　異文化を英語を通して体験するということが、子どもたちに何をもたらすかは、簡単にわかることではないかもしれません。しかし、国際理解教室を体験した子どもたちからは、なじみのなかった外国に対して興味を持ったり、日本を意識するきっかけになっているとの反応が多く見られると言います。例えば、ほとんどの児童について未知の世界であったアフリカについて、「ガーナにはビルがない」という話に目が覚める思いがしたとか、アメリカのミネソタ州では竜巻があるので地下室があることに強い印象を持ったとか、身近な生活での違いから、新たな発見が芽生えてくるようだという意見もあります。また、外国イコールアメリカでないことがわかったとか、いろいろな人種が共住している国があることがわかった（シンガポール）という素朴な発見もあります。
　国際理解教室がそれだけで終わらず、他教科の学習でもいろいろな国とのつながりを知ろうとする意欲づけとなったとか、本格的な総合学習への展開を期待する記述もあります。

もちろんすべてがうまくいっているわけではなく、問題点もありますが、事業開始から17年の歳月をかけ、英語を用いた独自の国際理解教育を定着させているのは、これから「英語活動」をつくっていこうとする学校や自治体の一つのモデルであると思います。

3.「総合的な学習の時間」の枠でのカリキュラムづくり: 熊本大学教育学部附属小学校の事例──コンピュータの活用が英語活動と国際交流を連動させる──

　熊本大学教育学部附属小学校は、1999（平成11）年度から文部科学省の研究開発学校として指定を受け、「総合的な学習」に力点を置いて実践研究を進めた学校です。小学校における外国語学習や英会話学習ということで指定を受けた学校の実践については、これまでいろいろなところで紹介されていますが、ここでは正に「総合的な学習」の中の「国際理解」の一環として取り組まれているので、特に紹介したいと考えました。

　この学校は1998年度から「『わたし』を育てる豊かな学び」を研究テーマとして教科等の指導の改善を目指してきましたが、翌年研究開発学校の指定を受け、教科等と総合的な学習との関連を含めたカリキュラムづくりを行ってきました。総合的な学習は3年生以上に設けられていて、その構成は以下のように図示されています。

図4　熊本大学教育学部附属小学校「総合的な学習」の構成

追求・表現 （50〜55時間）	各学年でテーマを決めて
情報 （10時間）	コンピュータの基本的操作技能
国際理解 （45時間）	国際交流＋英会話学習

　総合的な学習は「追求・表現」「情報」「国際理解」の3つの柱から構成されています。「追求・表現」は、子どもが教科の学習の発展や身近な生活の中から課題を見い出し、それを追求し、表現していく学習とされています。「自ら課題を見つけ……」という新学習指導要領で言われている総合的な学習のもっとも、それらしい学習領域です。

「情報」は、コンピュータ等の情報機器の基本的な操作技能を身につける時間です。3年以上の各学年で年間10時間程度配当されています。この「情報」が後で述べるように、ただ操作を覚えるだけでなく、「目的のために活用」されるようなミニプロジェクトとして、「追求・表現」や「国際理解」での情報収集や発表に活かされていくところが、この学校の特色になっています。この学習の10時間はすべて1学期に配当されています。もちろん、デジカメにしろビデオにしろ教えるべきことはきっちり教えますが、「情報」は、単にコンピュータや情報機器の操作を教えることにとどまるものではないというのが同校の基本的スタンスです。仮に操作を教えるにしても、方法として教えるだけでは身につかない、目的を持たせて、そのために使ってこそ意味があるという考えは説得力があります。

「国際理解」は、文化を異にする人々と知り合い、友達の輪を世界に広げていくことを中心的なねらいとしています。具体的には、「国際交流」と「英会話学習」の二つを関連させながら、外国の学校と交流を行っていきます。国際理解が「国際交流」と「英会話学習」の2つから構成され、またそれを関連させてということも、多くの学校で行われていることです。では、どこに特色があるのか、実際にカリキュラムを見ていきましょう。

まず、国際交流のカリキュラムです。その目的は「人間としての共通点をたくさん見いだすことによって、お互いの親近感を高めていきたい」ということですが、内容は、インターネット環境を生かした学校間国際交流で「海の向こうに友達をつくる」といういわば間接経験が主流の活動になっています。英会話学習が生かせるようにと、アメリカ、オーストラリアに相手校を見つけ、自己紹介カードや図工の作品を送ることから交流が始まりました。「情報」とからめ、マルチメディアを使った作品交流なども行いました。スライドショーやビデオレター、ホームページでの情報交流などです。

スライドショーというのは、お互いにデジカメで学校生活や日常生活の様子を撮り、それに音楽や字幕をつけてパソコンで送るものです（図5）。アメリカから「休み時間」のスライドショーが届いたり、日本から人気のおもちゃや文具を紹介します。また、英語での自己紹介や"Do you know UDON?"などと言いながら、日本の食べ物を画像とともに伝える場合もあります。

海外の学校との交流初期は、このように自己紹介や作品交換などができることで楽しくスタートしますが、煩雑さもあり、何のための交流かというこ

図5 スライドショーの画面

ともあり、展開がストップしたり長続きしないことはよくあります。日本人にとっては英会話学習を生かす機会であっても、相手にはあまりメリットがありません。熊本大学附属小学校の次のステップは、交流の共通の目的を発見することでした。交流の目的は「お互いの言語を学ぶ」ということです。オーストラリアの相手校が日本語を学習しており、相手校の日本語を使う機会を増やしたいという「交流の必要性」を生かすことができたのです。以前から行っていたテレビ会議による交流活動も、両方がお互いの言葉を学ぶということで新たな展開が見られました。以前は日本文化の紹介や逆にオーストラリアの文化の紹介がありましたが、通訳が介在することで、インタラクティブなコミュニケーションという感じがしませんでした。現在は簡単なゲームを日英両語で行って楽しんでいます。

さて、次が肝心な国際理解「英会話学習」です。基本的な考え方は以下の4点です。

① 国際理解教育の一環
　「英会話学習」は、英会話能力の向上が直接的なねらいではない。国際理解教育の一環として行われるものであり、外国人と積極的に交流ができるようにするための心のバリアフリーをねらっているものである。
② コミュニケーション意欲を育てる教育の一環
　自己を表現し、相手の話をしっかり聞くような交流を組織していく。身振り手振りを入れながら、自分が伝えたいことを単純な定型句の英語を組み合わせて表現していくような学習を組織する。
③ 学校間国際交流への活用
　「英会話学習」で習得したスキルが実際の学校間国際交流に生かされるようにする。例えば、テレビ会議やビデオレターなどで子どもたちが英会話で表現する。
④ 学級担任、ALT、総合専科によるチームワーク
　授業での説明や進行は担任が行い、発音練習や会話指導はALTが行う。総合専科が指導案を作成し、実際の授業を観察しながら、カリキュラム開発して

いくというチームワークである。

次に3年「総合的な学習」単元「英語でスライドショーをつくろう」の指導計画（9時間取扱い：国際交流5時間、英会話4時間）とその中の7時間目の指導案を挙げておきます（表7、8）。

単元の目標
① スライドショーをつくることで自分の表現でコミュニケーションしていくことに関心を持ち、進んで英語を使おうとする意欲を高める。
② スライドショーをつくる楽しさと作品をつくりあげた喜びを味わうことができる。
③ スライドショーに英語を使うことで、基本的な挨拶や簡単な会話ができるようになる。

表7　指導計画（9時間取扱い：国際交流5時間、英会話4時間）

学習活動	教師の支援	時間
1　日本を紹介するスライドショーに使う写真や資料を集め、何を使いどの疑問文にするかを決める。 「餅つきの写真にしよう。」 「羽子板がいいな。」 「Do you know Kadomatsu?にしよう。」 など	○ ジュリー先生に学校や日本のくらしについて教えてあげようと投げかける。そのために、写真を使ったスライドショーをつくることを知らせ、身近な生活や文化、行事などについて写真に記録し調べさせておく。 ○ できるだけ色々なものを集めさせておくことで、作品の内容が重複しないようにする。 ○ 一人一人の子どもが使う写真と紹介に使う疑問文を選ぶようにし、自分の伝えたいことを自分なりの表現でできるような活動の場を設ける。	2 国際交流
2　コンピュータを使ってスライドショーをつくる。 「正月の行事について紹介するものをつくりたい。」	○ 製作時の協力や練習をしやすくするために、共通するもの同士で4人程度の班をつくらせる。 ○ 総合専科の教師とティームティーチングで指導し、一人一人に対応した技術的な支援を行う。	2 国際交流
3　つくったスライドショーに	○ スライドショーに使う疑問文や	3

第2章 特色あるカリキュラムづくりに学ぶ 135

英語を使って紹介文やクイズの文をつける練習をする。 「口を大きく開けて言った方がいいんだな。」 「このタイミングで話すといいみたい。」 「もう一回やって見よう。」 「ほめられて嬉しい。」 など	紹介文の言い方についてジュリー先生からアドバイスや評価を受けることで、自信を持たせ、豊かに表現できるようにしていく。 ○ 評価の観点を知らせることで、班ごとの練習の視点を明確にする。（発音・抑揚・速さなど） ○ 繰り返し何度も練習できるようにするために、4人の班ごとに、コンピュータを使ってスライドショーを映しながら練習できる場を設定する。 ○ 担任とジュリー先生によるティームティーチングで各班に対応した支援や評価を行う。	英会話 本時 3/3
4 音声を入れてスライドショーを完成する。	○ 総合専科の教師とのティームティーチングにより音声を録音し、スライドショー作品につけ完成させる。	1 国際交流
5 スライドショーの発表会を行いジュリー先生に評価してもらう。	○ 作品を互いに認め合うようにさせると同時に、ジュリー先生からの認め励ますような評価により、自信をつけさせたり満足感を持たせたりする。	1 英会話

表8 授業展開

時間	学習活動と子どもの姿	子どもの学習を豊かにしていく教師の支援
3	1 ジュリー先生に挨拶をして、「Open shut them」を歌う。	○ ジュリー先生と体を動かしながら歌うことにより、楽しい学習の雰囲気作りをする。
7	2 既習の英単語を使って紹介文や疑問文の復習をする。 ・Do you like milk? ・Do you know Udon? 　—Yes, I do. ・Do you lhave dustpan?	○ 挿絵を使って楽しく分かりやすくする。 ○ ジュリー先生と担任で例示する。 ○ 抑揚や発音をジュリー先生に確認してもらいながらゆっくり練習した後、チャンツでテンポよく練習する。

5	3 代表の班が発表し、ジュリー先生からアドバイスを受ける。 ・音声の入っていないスライドショーを画面に映しながら、一人ずつ英語で話していく。 〔Hello. My name is Maho. Do you know Kadomatsu? This is a Kadomatsu.〕 	○ 一人一人の子どもに自分のスライドショーで使う文を学習シートに書き出させておく。 ○ 評価の観点を示すことにより、班での練習を効果的に進めるようにする。 ・発音 ・イントネーション ・タイミング　・スピード ・恥ずかしがらずに大きく表現する ○ 各班に1台ずつコンピュータを用意して、スライドショーを映し出すことができるようにしておき、音楽に合わせてたのしく練習させる。	
10	4 班ごとに分かれて自分たちの作成したスライドショーに合わせて練習する。 〔Do you know Takarabune?〕 （宝船を使って） 〔This is a Takarabune.〕	○ 一人一人の技能が上達するように、担任とジュリー先生と二人で、個別に指導する。 ○ 評価の観点に沿って、互いに聞き合って教え合うようにさせ、くりかえし何度も練習ができるようにする。	
15	5 5つの班の発表を視聴し、互いに称賛したりアドバイスを交換したりする。	○ マイクに向かってはっきり大きく表現できるような場を設定し、相手に伝わる話し方ができるようにする。	

第2章 特色あるカリキュラムづくりに学ぶ　137

	発音はよかったよ。ゆっくり話したら、もっといいと思うよ。	評価　◎ 外国の人に伝わるように話すことができたか。 ◎ 恥ずかしがらずに大きな声で話すことができたか。	
5	6　今日の学習で学んだことを発表する。 「楽しく練習できたし、自信を持って言えるようになったのでよかったです。」	○ 本時の学びを全体に発表させることにより共有させ、次時の学習への意欲を高める。	

表9　6年生の国際理解（英会話学習）のカリキュラム

週	テーマ	基本文	単語	英語の歌
1	今の気分は？1	How are you?/ I'm fine./terrific/ OK/sleepy/tired/ sick	terrific, OK, sleepy, tired, sick	John Brown's Baby
2	今の気分は？2	How are you?/ I'm fine./terrific/ OK/sleepy/tired/ sick		John Brown's Baby
3	今の気分は？3	How are you?/ I'm cold./hot/ hungry/thirsty	cold, hot, hungry, thirsty	John Brown's Baby
4	今の気分は？4	How are you?/I'm fine./terrific/OK/ sleepy/tired/ sick/cold/hot/ hungry/thirsty		John Brown's Baby
5	質問しよう1 何年生ですか？	What grade are you in?/ 6th grade.	first, second, third, fourth, fifth, sixth	If you happy and Know it.
6	質問しよう1	What do you want	doctor, teacher,	If you

	どんな職業になりたいですか？	to be in the future?/ I want to be a doctor.	singer, future	happy and Know it.
7	質問しよう2 どんな職業になりたいですか？	What do you want to be in the future?/ I want to be a ○○.	辞書で調べて	If you happy and Know it.
8	英会話番組を作ろう1			
9	英会話番組を作ろう2			
10	1学期のまとめ			
11	1学期のたしかめ			
12	1学期の復習			
13	日本語を練習しよう！1	Let's speak Japanese.	speak, practice, remember, watch, listen	This old man
14	日本語を練習しよう！2 「コールド」のことを日本語で言うと「さむい」といいます。	"Cold" in Japanese is "samui."		This old man
15	日本語を練習しよう！3 自分の言葉でビデオ撮影の練習をしよう。	Good-bye in Japanese is "Sayounara."		This old man
16	日本語を練習しよう！4 演技を考えてビデオ撮影の練習をしよう。（まとめ）	Good-bye in Japanese is "Sayounara."		This old man
17	世界の国から1 色々な国々の言い方を場所を知ろう。		The United States, England, Australia, Japan, France, Germany, Korea,	This old man

第2章　特色あるカリキュラムづくりに学ぶ　139

			China, Russia, Canada	
18	世界の国から2 どこから来ましたか？ / 日本からです。	Where are you from?/ I'm from Japan.		This old man
19	世界の国から3 どの国に行ってみたいですか？/ アメリカに行ってみたいです。	Where do you want to visit?/ I want to visit the United States.		Did you ever seen Lassie?
20	日本のことを聞いてみよう1 日本の食べ物を食べたことがありますか？	Have you ever eaten Japanese food?/ Yes, I have./ No, I haven't		Did you ever seen Lassie?
21	日本のことを聞いてみよう2 日本のおもちゃを見たことがありますか？	Have you ever seen Japanese toys?/ Yes, I have./ No, I haven't		Did you ever seen Lassie?
22	日本のことを聞いてみよう3 日本の〇〇を見たことがありますか？	Have you ever seen Japanese 〇〇?/ Yes, I have./ No, I haven't		Did you ever seen Lassie?
23	日本のことを知ってもらおう1 日本の伝統的なおもちゃを紹介します。	Let me show you.	traditional toys, battledore, top, marble, beanbag, kite	We wish you a Merry Christmas.
24	日本のことを知ってもらおう2 日本の伝統的なおもちゃを紹介します。			We wish you a Merry Christmas.
25	日本のことを知っ			We wish

	てもらおう3 クイズやジェスチャーゲームをする。			you a Merry Christmas.
26	2学期のまとめ			We wish you a Marry Christmas.
27	2学期のたしかめ			
28	2学期の復習			
29	マルチメディア作品作り1			
30	マルチメディア作品作り2			
31	マルチメディア作品作り3			
32	マルチメディア作品作り4			
33	外国の人とお話しよう1			
34	外国の人とお話しよう2			
35	1年間のまとめ			

(熊本大学教育学部附属小学校「紀要第51集」、p.167)

　筆者は、この学校の総合専科として特に「情報」と「国際理解」のカリキュラムづくりの中心にいる前田康裕教諭（図工科）のパソコンによる見事なプレゼンテーションの研究発表を3回聞き、実際に授業も見ましたが、その度にあまりの斬新さに「目から鱗」という思いでした。「情報」「国際交流」「英会話学習」この三者の、どれがどれなのかよくわからないというか、どれと言ってもいいというか、実に融合しているのです。例えば、5年生と6年生の「情報」の指導計画は次のようになっています（表10、11）。
　5年生のミニプロジェクト「ビデオレターを送ろう」は、実際には「国際交流」とカウントする時間に作成するのですが、「英会話」の時間に学習した会話を使いながら、自己紹介や学校紹介をして、ビデオ撮影と編集の初歩も学ぶものです。そして制作の過程で、また「英会話」を復習するのです。6年

第2章 特色あるカリキュラムづくりに学ぶ

表10 平成13年度 5学年「情報」の指導計画

時間数	学習内容	ソフト
1	ローマ字入力による文章作成。 インターネットを使った情報の検索。	アップルワークス iエクスプローラ
1	電子メール（First Class）を使った、文章による情報の交換	First Class
8	◎ミニプロジェクト「ホームページで学校を紹介しよう」──ホームページの作成──	ページミル
(4) 国際	◎ミニプロジェクト「ビデオレターを送ろう」 ──ビデオ撮影と編集の基本──	iMovie

表11 平成13年度 6学年「情報」の指導計画

時間数	学習内容	ソフト
1	ローマ字入力による文章作成。 インターネットを使った情報の検索。	アップルワークス iエクスプローラ
9	◎ミニプロジェクト「英会話番組を制作しよう」──ビデオの編集──	iMovie

生のミニプロジェクト「英会話番組を制作しよう」も同様です。これはNHKの『とっさのひとこと』というミニ英会話番組のもじりとも言うもので、「ひとこと英会話」というテレビ番組を制作するのです。子どもたちはそれぞれのアイディアを出し合いながら、シナリオを練り上げ、ALTと一緒に番組をつくり上げます。

この学校の特色は、目的を持って英語を学び、目的をもって英語を使うということがカリキュラム上に実現されているところにあります。交流相手のオーストラリアの学校の子どもに「日本語を教える」ために、英語を使う、テレビ番組を制作するために途中で英会話を練習すると言った具合です。その実践の全貌は同校のCD-ROM紀要 Vol.3「本校の総合的な学習」（図6）や同校のホームページ（ｈｔｔｐ：／／

図6

kues.educ.kumamoto-u.ac.jp/ ～ fuzoku/EIKAIWA/INDEX.HTM）
でも見ることができます。

4. 京都市小学校英語活動指導計画とリソースコーナー

　2002（平成14）年11月27日、京都市永松記念教育センター（2003年4月より京都市総合教育センターと名称変更）で、京都市小学校英語活動研究会の設立総会が開かれました。この研究会は、小学校英語活動研究に関心と熱意を持つ京都市立学校教職員から組織されています。どこの県や市にも中英研（中学校英語教育研究会）や高英研（高等学校英語教育研究会）と呼ばれる教員の組織が存在することは周知の事実ですが、いわばその小学校版とも言える小英研がおそらく全国で初めて設立された瞬間だったと思われます。設立総会では、できたばかりの『小学校英語活動 指導計画と活動事例集（試案）』という80ページ余りの冊子が参会者に配布されました。

　京都市はすでに、1997（平成9）年度から開始された「きょうと英語フロンティア・キッズ」事業で、全国に先駆けて市内のすべての小学校で児童が英語に慣れ親しむ活動を行ってきました。2000（平成12）年度からは、小学校専任の外国語指導助手（FLT: Foreign Language Teacher）の巡回指導により、すべての小学校で「総合的な学習の時間」などを使って英語活動を行っています。

　また、それに先立つ1994（平成6）年度から永松記念教育センター研究課で、小学校における系統的・計画的な指導計画の作成や教材開発、学級担任とFLTとのティーム・ティーチングの在り方などの研究が進められてきました。1996（平成8）年度にはクラブ活動としての英語が開始されており、この研究課作成の日英両語による『小学校英語指導案集』や、中村節男研究員（当時）による「自発的な発話を目指した小学校英語カリキュラムの作成──意思伝達のアプローチによる指導」と題する研究報告も出されています。機能（function）と概念（notion）を核としたシラバス作成の試みでした。その後も同センター研究課では目標を明確にした系統性のあるカリキュラムを作成しようと研究が続いてきました。直山木綿子研究員（当時）による「小学校英語カリキュラム試案の開発とその実践──系統的・計画的な英語学習を進めるために」（2001）もその成果です。

　2001（平成13）年度からは、英語活動に積極的に取り組んでいる市内の先

生方による「京都市小学校英語活動実践研究グループ」が組織され、このグループを中心にした実践を通して、指導計画と教材の改善と充実が図られてきました。その結果が『小学校英語活動 指導計画と活動事例集（試案）』であり、また永松記念教育センター研究課情報資料室に開設された「小学校英語リソースコーナー」です。

『小学校英語活動 指導計画と活動事例集（試案）』——言語機能により学習内容が配列された指導計画

京都市のこの「指導計画」は、全体が4つのStepから構成されています。さらにそれぞれのStepは、8〜10のUnitで構成されています。1 Unitは、3〜7時間の授業を想定しており、Step全体では年間30〜35時間となるように構成されています。4つのStepは一般には3年から6年の学年に対応するとも考えられますが、学習を始めてからの年数に対応させるという考え方が『活動事例集』のまえがきでは述べられています。

各StepのUnit構成は以下のとおりです。

表12

	Step 1	Step 2	Step 3	Step 4
Unit 1	私の名前	私の誕生月	アルファベット表を作ろう	自己紹介
Unit 2	私の好きなもの	私の好きなこと	時間割表を作ろう	修学旅行のポスターを作ろう
Unit 3	この動物なあに？	ハラペコあおむし	アルファベット文字を見つけよう	私の一日・あなたの一日
Unit 4	絵本を作ろう	My Lunch	これは何色？	What's 運動会？
Unit 5	私の持ち物	楽しかった夏休み	自己紹介をしよう	My Family: 私の家族
Unit 6	私の学校	ペットにしたいな	学校を案内しよう	ピラミッドとコーン
Unit 7	"Where's Spot?":「スポットはどこ？」	笑い顔・泣き顔	学校の周りの地図を作ろう	"Pudding"とプリン
Unit 8	どんな顔？	クリスマス	グリーティング	20年後の私

		ツリー	カードを作ろう	
Unit 9	カレンダーを作ろう	今日は何曜日？	"In a People House":「家の中には」	
Unit10	"Sukh's White Horse":「スーホの白い馬」	スイミー	"We're different, We're the same":「みんな違う、でもみんな同じ」	

　言語機能を中心にした学習内容の配列がされています。『活動事例集』の各 Step 各 Unit には、そこでの学習内容である「言語機能」を使って行う活動例が複数示されており、それぞれの学校の児童の実態に合わせて学習を進めることが期待されています。活動例は歌、チャンツ、クイズ、ゲーム、ロール・プレイなどですが、特にその Unit で目指す学習目標に迫るための中心的活動として、「タスク」が掲げられているのが、大きな特徴となっています。活動の中でも「タスク」が中心で「歌、チャンツ、クイズ、ゲーム」等は補助的活動と位置づけられています。

　各 Unit のタスクは以下のとおりです。

表 13

	Step 1	Step 2	Step 3	Step 4
Unit 1	名札を作ろう	誕生月表を作ろう	アルファベット表を作ろう	名札を作ろう・自己紹介をしよう
Unit 2	好き・嫌い表を作ろう	Show & Tell Show	教科表を作ろう・時間割表を作ろう	修学旅行のポスター作成
Unit 3	動物パズルを作ろう	お話を聞こう	身の回りのアルファベットを探そう	My Daily Routine 表を作ろう
Unit 4	絵本を作ろう	My Lunch を作ろう	アルファベット音で始まる単語当て	他己紹介をしよう・運動会のポスターを作ろう
Unit 5	チャンツを作ろう	先生の夏休み・私の夏休み	簡単な自己紹介をしよう	「家族の木」を作ろう・自分の家

				族を紹介しよう
Unit 6	FLT に学校を案内しよう	飼っている、または飼いたい動物を教えよう	学校地図を作ろう	Can you find it? Can you make it?
Unit 7	お話を聞こう	福笑いを楽しもう	学校の周りの地図を作ろう	辞書作り
Unit 8	Let's make a face.	クリスマスツリーを作ろう	カード作り	パスポートを作ろう・最後のスピーチをしよう
Unit 9	カレンダーを作ろう	これは何月？	絵本の読み聞かせ	
Unit10	ロールプレイショー	スイミーになろう	合作絵作成	

小学校英語リソースコーナー

　京都市総合教育センターカリキュラム開発支援センター情報資料室に開設されている「小学校英語リソースコーナー」には、前述の『活動事例集』の各Unitで使用する教材が配架されており、活用を希望する京都市立学校教職員に貸し出しが行われています。リソースコーナーの棚には、Unitで使う教材がまとめてプラスチック製のコンパクトなケースに収納されて並んでいます。同じものが3セット用意され、ケースの中に納められているのは、教師用、児童用絵カードや、歌、チャンツのカセットテープなどです。福笑い用の顔の細かいパーツなどもビニール袋に整理されており、この手間ひまかかる作業が可能になった背景には、研究課の研究員以外に「実践研究グループ」の協力があったことがうかがえます。そのほかにもStep 1〜Step 4で使用される10種類の大型の絵本も各10冊用意されています。また、様々な活動で使用できる絵や文字のカード類、動物のパペット人形も用意されています。

　紙のプランだけでなく、このような教材が用意されていることが、現実の小学校の英語活動には必須の条件であり、それを地道な努力で現実のものとした京都市の先見性は大いに評価されるべきでしょう。

　なお、京都市教育委員会・京都市立永松記念教育センターは2003（平成15）年2月に、小学校英語活動をめぐる様々な疑問に答え、京都市の方針を

説明するための小冊子『小学校英語活動Q&A』を発刊しました。

図7

5. 学校放送番組『えいごリアン』のカリキュラム

　NHK教育TVは、2000（平成12）年4月から小学校の「総合的な学習の時間」（外国語会話）に対応する教材として、中学年向け学校放送番組『えいごリアン』をスタートさせました。番組企画委員として関わったものとしては、手前味噌になりますが、学校放送番組としても、また語学番組としてもこれまでにない画期的なものになったのではないでしょうか。

　この番組には、これまでの同種のものと異なる、いくつかの特徴があります。第一は『えいごリアン』というタイトルです。これはNHKが創作した造語で、「英語を使って楽しくコミュニケーションができる人」くらいの意味ですが、まさにこの番組の目的を表していると言えます。番組には不思議なキノコが登場して、毎回ひとつずつ英語表現を紹介していきます。このキノコのキャラクターが「えいごリアン」です。このネイミングとキャラクターの斬新さ、奇抜さに象徴される「教育臭さ」のなさが、番組成功のいちばんの要因だと思えます（図8）。

図8　NHK『えいごリアン』のホームページ

第二は、当然のことではありますが、「総合的な学習の時間」対応の学校放送番組として、単なる語学番組を超えたものを目指したことです。講師が登場して、基本表現を暗記して言えるようにするとか、文字で単語や文章が提示されることがありません（唯一の例外はタイトル場面のみ）。また、「国際理解に関する学習の一環としての外国語会話」という面での一定の工夫があります。ひとつは、国際語としての英語を扱うという意味で、英語圏以外の外国人が英語を話す場面を多く取り入れています。スキット部分のレギュラーの外国人登場人物はアメリカ人ですが、それ以外に中国人やイタリア人、インド人などが、お国訛りの英語を話します。また、視聴者と同年齢の子どもが毎回スタジオを飛び出して、いろいろな国の人と英語を使って交流します。それは、基本表現の練習にとどまらず、一緒に楽器を演奏する、料理をする、太極拳をするというように、まさに英語を使って「何かをする」のです。子どもが実際に、コミュニケーションのツールとして英語を使う経験をし、それを視聴者に見せるところにこの番組の大きな特徴があるのです。

『えいごリアン』のカリキュラム

　『えいごリアン』のカリキュラムは、1回15分の番組が年間20本で構成されています。小学校の英語活動カリキュラム一般に関しては、語彙、文型、題材、場面、機能など何を核にして構成するか、意見の分かれるところですが、初年度は、国際理解の一環として英語を学習する立場から、「言葉の働き（function）」を重視しました。「初めての挨拶」「人・物の紹介」「指示する」「住まいを聞く」など、子どもたちのコミュニケーション・ツールとして最も重要だと思われる20の基本表現を選び、それぞれの回に一つずつ対応させてあります。

　カリキュラム全体の目標は、日常的な英語表現に慣れ、英語でのコミュニケーション能力を育てることにあります。また、「総合的な学習の時間」に位置づけるため、できるだけ内容を他教科や他領域の活動と関連づける工夫がしてあります。この番組の企画委員会のメンバーは筆者を含め、以下のとおりでした（職名は当時）。

表14

埼玉県春日部市立粕壁小学校教諭	河田　嘉春
文化女子大学英語英文科講師	久埜　百合
福島大学教育学部助教授	冨田　祐一

京都永松記念教育センター研究員	直山	木綿子
東横学園小学校講師	永井	淳子
文部省初等中等教育局教科調査官	平田	和人
岐阜大学教育学部教授	松川	禮子
東京国際大学専任講師	山内	豊

番組の構成

　1回ごとの番組の内容は、基本表現を中心としたスキットが2つ、その他にアニメーション、映像コーナー、チャレンジコーナー、英語練習曲コーナーから構成されています。チャレンジコーナーでは、主人公のユージが子どもに変身し、いろいろな外国の人のところに行って、英語でコミュニケーションに挑戦します。英語は、英語圏だけではなく、スイス、トルコ、ギリシャ、イタリア、チリ、韓国、中国、ユーゴスラビアなど様々な国の人々とコミュニケーションするツールであることを示すことが、国際理解という視点からの新しい英語教材としての特徴と言えます。

　映像コーナーでは、テレビならではの映像と英語学習を結びつける工夫が見られます。異文化理解につながる海外の映像のほかに、西郷隆盛の銅像や東大寺の仁王像など日本の事物や動植物などの理科的画像が英語表現の指示対象として提示され、子どもたちの英語の世界をふくらませています。

『えいごリアン』のウェブサイト

　『えいごリアン』のウェブサイト（http://www.nhk.or.jp/eigorian/）は、子どものページ、先生のページ、番組紹介ページから構成されています。このうち、子どものページと先生のページは、毎回の放送番組と連動した内容になっています。

　子どものページは、児童が自由にアクセスできる教材を提供しています。各回の番組の「見どころサマリー」が動画と音声で繰り返し見られるほか、各回の重要表現に関連したゲームが、かなりのボリュームで用意されています。歌やアニメーションも楽しめます。

　先生のページは、「小学校英語Q&A」「全文訳」「マルチメディア授業プラン」「小学校英語コラム」から構成されています。「マルチメディア授業プラン」では、番組に関連させた授業展開のアイディアを提供しています。授業の流れやポイントの解説に加えて、画像と音声で実際の授業風景を提示しています（図9）。

表15 ウェブサイトの構成

	ページ名	機能	構成
1	子どものページ	児童の学習の場	オンライン教材（スキット、ゲーム、歌など）
2	先生のページ	教師支援	全文訳、Q&A、授業プラン、コラム、リンク集
3	番組紹介ページ	児童、教師、保護者、制作者の連携	年間スケジュール、出演者とキャラクター紹介、掲示板、名前募集

図9 『えいごリアン』授業プラン（先生のページ）

(NHK『えいごリアン』のホームページより)

　この番組の企画については、1999（平成11）年の秋にNHKから相談をもちかけられました。『英会話』などの語学番組や『英語であそぼ』など、子どもを対象にした英語番組はすでにありますし、正直なところ最初は、画期的なものができるような気はしませんでした。それに、教育テレビの学校放送番組というものが、学校現場でどの程度、またどのように活用されている

のかについても、たいした予備知識がありませんでした。

　数年前にNHK教育TVで放映されたという名作『のっぽさんの英語大好き』のビデオを参考に見た時は、とてもこれを超えるものができるとは思いませんでした。筆者に当初与えられた役割は、番組20本の柱になる「基本英語表現」（Standard 20 とNHKは呼んでいました）のリストアップでした。公立小学校での英語学習の現状からいけば、構文・文型中心のシラバスではなく、活動やタスク中心のシラバスが適切であろうと考えましたが、放送番組のつくり方からいけば、keyとなる英語表現を決めざるを得ないということに落ち着きました。最初に私が提出した案は、言葉の働き（言語機能）によるシラバスでした。番組企画委員会の研究者グループ久埜百合氏、冨田祐一氏、山内豊氏とNHKのスタッフとの協議から最終的に2000（平成12）年度のカリキュラムは以下のように構成されました（表16）。

表16　2000年度『えいごリアン』カリキュラム

		基本表現とテーマ	言葉の働き	関連表現・活動
1学期	1	Hi, I'm Yuji. Nice to meet you. 英語で Hi! みんな友だち！	初めてのあいさつ	名前・エチケット
	2	Hello! How are you? Good. 友だちは今日は元気かな？	日常のあいさつ	気分・感情
	3	Who is this? This is my mother. 教えて、きみの家族のこと	人・物の紹介	家族・職業
	4	Do you have a red pencil? Sorry, I don't. 困ったときは、聞いてみよう	持ち物を聞く	文房具・買い物
	5	What's this? It's a butterfly. ふしぎなものがいっぱいあるね！	何なのか聞く	疑問・クイズ
	6	Where do you live? I live in Nagoya. きみの町はどんな町？	住まいを聞く	町の紹介・案内
	7	Do you like math? Yes, I do. だれにでもあるよね、すき・きらい	好みを聞く 1	教科・数
	8	Touch your toes. OK. ぼくの言うとおりにやるんだよ！	指示する	体育・ゲーム

2学期	9	How many legs does a spider have? Eight. 数えるのって楽しいね！	数を聞く	数量・ 値段
	10	Can you do this? Yes, I can. 教えて、きみの得意わざ	何ができるか	スポーツ・ 楽器
	11	Let's make an origami box. That's a good idea. さあ、何して遊ぼうか？	提案する	図工・ 理科
	12	Whose is this? It's mine. これ、だれの？ ぼくのだよ	持ち主を聞く	身の回りの物
	13	Where is my cap? Here you are. 知らない道もこわくない	場所を聞く	道案内・ 建物
	14	When is your birthday? It's on December 7th. 今日は何年、何月、何日？	誕生日を聞く	日付・ カレンダー
	15	What time is it now? It's just 3:00. 大変！ 時計を忘れちゃった！	時刻を聞く	1日の予定
3学期	16	What will you have? I'll have Spaghetti and ice cream. ぼくスパゲティ、きみは何？	注文を聞く	レストラン・ 買い物
	17	What color do you want? I want blue. 好きなものは何？	好みを聞く 2	図工・ 借り物する
	18	How is the weather in Okinawa? It's fine. Hello! そっちの天気はどう？	天候を聞く	天気・ 絵日記
	19	What's wrong? I have stomachache. 友だちのことがとても心配	人への気遣い	病気・ 薬
	20	Don't put plastics in this bag? Oops, I'm sorry. だめだよ！ あっ、ごめん	禁止する	環境・ リサイクル

　初年度、「基本表現」という形で英文を見出しの最初に提示したことは、「覚えるもの」という意識を持たせることにつながったとの反省から、2年目

の2001（平成13）年度のカリキュラムでは、見出しを「活動テーマ」と和らげ、リストアップする時も英語より日本語表記を前に出しました（表17）。

表17　2001年度カリキュラム

		活動テーマと基本表現	関連する表現	教室での活動例
1学期	1	あいさつから始めよう！ "Hi, I'm Yuji. What's your name?"	日常のあいさつ 外国人の名前	世界のあいさつ
	2	えっ、これ何？　あれ何？ "What's that?" "It's a mantis."	動物などの名前	クイズ 世界の風物
	3	人の好みはいろいろ "Which do you like?" "That one."	好みを聞く 意思表示	好きな食べ物・スポーツ・教科
	4	ちょっと！どこへ行くの？ "Where are you going?" "To the park."	場所・建物の名前	町の地図 世界の名所
	5	知らない子がやって来た "Who is he?" "I don't know."	人の名前 自己紹介	外国人の名前 著名人
	6	どんどん数えてみよう！ "How many cards do you have?" "13!"	1から10の数	持ち物の数 コレクション
	7	それって、いつだっけ？ "When is the soccer game?" "Today!"	月・日・曜日の言い方	カレンダー・祝日・記念日
2学期	8	いい物、見せてあげようか？ "Do you have a dog?" "Yes, do you want to see?"	持ち物の名前	夏休みの話題 宝物
	9	さあ、ゲームだ！ゲームだ！ "Are you ready?" "Ready!"	指示をする　1	ゲーム・スポーツのルール
	10	クイズの達人は誰だ？ "Can you guess?" "Let me see."	何が出来るか	クイズ・パズル 得意技

2学期	11	じゃあ、何時に来られるの？ "What time can you come?" "Right now!"	時刻・時間 の言い方	約束・ 電話での会話
	12	友だちからのプレゼント "May I open it?" "Yes, go ahead!"	許可を求める	マナー 相手を気遣う
	13	ねえ、ぼくにもやらせて！ "Let me try!" "Wait!"	自己主張する	料理 ゲーム・スポーツ
	14	ねえ、これ知ってる？ "Do you know this?" "Of course!"	情報交換する	自慢の一品 流行のもの
	15	お願い！それを見せて "Show me your card." "No!"	指示をする　2	クリスマスカー ド・年賀状
3学期	16	今日は何して遊ぶ？ "What shall we do today?" "Let's clean our room."	提案する・ 誘う	天気・季節 外国の遊び
	17	ぼくが道案内するよ！ "Where is the supermarket?" "Over there."	場所を尋ねる	落し物探し 探検
	18	いちばん欲ばりなのは誰？ "Which is bigger?" "Let's check."	比較する	数字・単位 計測する
	19	あのね、これ頼める？ "Would you pass me the sugar?" "Here you are."	依頼する	食事・マナー 工作
	20	気楽にいこうよ！ "Take it easy!" "OK!"	前向きな態度	お別れ会 卒業式

　こうして、筆者はカリキュラムづくりの第一歩には確かに関わりましたが、『えいごリアン』はまぎれもなくNHKの番組制作プロ集団の作品です。英語の内容に関しては、番組企画委員のひとりで、児童英語教育の実践家でもある久埜百合氏の長年にわたる指導実績や経験が全編にわたってにじみ出ていると思います。

国際理解モジュラー・カリキュラムとしての「チャレンジコーナー」

「国際理解に関する学習の一環としての英語」というコンセプトを番組の中で具体的にどう表すかについては、番組スタッフや企画委員の間でいろいろ議論がありました。映像コーナーで、世界各国の暮らし、風俗、習慣を見せるというのも一つの工夫ですが、視聴者である小学生が自己投影できるような子どもを登場させて、英語を使って外国の人と交流体験をもたせるという「チャレンジコーナー」は、特にその意図を込めたものでした。

1回の番組を縦に見ていけば15分中の2、3分のモジュールにすぎませんが、内容的には興味深いものがあります。もちろん演出されたものではありますが、毎回違う相手と関わりを持ち、言葉だけでなく表情やジェスチャーも有効に使いながら、いろいろなことを行っている様子が生き生きと伝わってきます。

以下に、2回分のチャレンジコーナーでの発話を書き取ったものと、その全文訳（ホームページより転載）を示しました。下線部は、その回の基本表現にあたる部分です。文字化してみると、改めて2、3分の中でも、単に基本表現の練習というだけではない豊かなコミュニケーションが行われていることがわかります。ユージのほうはほとんど単語だけの応答になっていますが、聞くほうはいろいろな表現に出会い、しかもそれによく対応して20往復ほどのやり取りが続いています。英語に触れ始めたばかりの小学生でも、初めて出会った外国人の発話をどのように聞き取り、反応し、対処していけるのかが具体的に示されていることは、貴重だと思います（表18、19）。

表18　チャレンジコーナー「この楽器はなに？」（2000年度第5回）

ユージ	Hi, I'm Yuji. Nice to meet you. こんにちは、ユージです。はじめまして。
ママドゥ	Hi, how are you. Come in. やあ、元気？　どうぞ、入って。 OK, nice to meet you. はじめまして。
ユージ	Nice to meet you. はじめまして。
ママドゥ	My name is Mamadou. 僕の名前はママドゥです。
ユージ	Mamadou. ママドゥ。

ママドゥ	I'm from west Africa.
	西アフリカから来ました。
ユージ	Africa.
	アフリカ。
ママドゥ	Yes. And I am a musician.
	そう。僕はミュージシャンなんだよ。
ユージ	"Musician".
	ミュージシャン。
	Mamadou, what's this?
	ママドゥ、これは何？
ママドゥ	This is a Balafon.
	これはね、バラフォン。
ユージ	Balafon.
	バラフォン。
ママドゥ	It's made of wood and Calabash.
	これはね、木とカラバッシュでできているんだよ。
ユージ	Calabash.
	カラバッシュ。
ママドゥ	In Japanese, you can call this "hyoutan".
	日本語だと、ひょうたんだね。
ユージ	"Hyoutan".
	ヒョウタン。
	Mamadou, what's this?
	ママドゥ、これは何？
ママドゥ	This is a Kora.
	これはコラ。
	Do you want to try?
	ちょっと弾いてみる？
ユージ	Thank you.
	うん、ありがとう。
ママドゥ	OK, try. OK, good.
	よし、やってごらん。うまいうまい。
ユージ	Mamadou, what's this?
	ママドゥ、これは何？
ママドゥ	This is another African instrument.
	これもアフリカの楽器だよ。
	It is called Ngoni.
	ンゴニって言うんだ。
ユージ	Very good.

ママドゥ	いい音だね。 OK. Do you know shamisen? 三味線は知ってる？
ユージ	Yes. うん。
ママドゥ	This sound is like Japanese "shamisen". この音は日本の三味線みたいだよね。
ユージ	"Japanese shamisen". 日本の三味線。
ママドゥ	OK, Yuji. Let's play music now. OK、ユージ、演奏しよう！
ユージ	Yeah! うん！
ママドゥ	OK, let's go! よし、始めよう！

表19 チャレンジコーナー「これだれの？ぼくのだよ。」（2000年度第12回）

ユージ	Hi, Im Yuji. Nice to meet you. こんにちは、ユージです。はじめまして
先生	I'm Richard. Nice to meet you, too. リチャードです。はじめまして。 Welcome, Yuji, back to Tsukuba International School. はい、ユージがつくばインターナショナルスクールにまた来てくれました。
生徒たち	Welcome back, Yuji. Nice to meet you. ようこそ、ユージ。よろしく。
先生	Yuji, these are our treasures. ユージ、ここにみんなの宝物があるよ。
ユージ	"Treasures". トレジャーズ。
先生	Do you know "treasures"? "treasures"ってわかる？
ユージ	Yes. うん。
先生	Treasures are special. 宝物はね、特別なものだよ。
ユージ	Special. スペシャル。
先生	Something we like.

		みんなが好きなもの。
ユージ	Like.	
	ライク。	
先生	Very good. Let's ask everybody "whose is this?".	
	そう。みんなに、"Whose is this?" って聞いてみようか。	
ユージ	Whose is this?	
	フーズ イズ ディス。	
先生	You try.	
	やってごらん。	
ユージ	Who is this???	
	フー イズ ディス???	
先生	"Whose is this."	
	"Whose is this." だよ。	
ユージ	Yes, thank you.	
	そう、ありがとう。	
	Whose is this?	
	これ、誰の？	
男の子	That's mine. These are horse shoes.	
	僕のだよ。これはね、馬の靴だよ。	
ユージ	Yes.	
	そう。	
男の子	We got them from America.	
	アメリカから持ってきたんだ。	
ユージ	America.	
	アメリカ。	
男の子	They bring good luck. You know "lucky!"?	
	幸運を運んできてくれるんだ。「ラッキー！」って、わかる？	
ユージ	Yes. thank you.	
	うん。ありがとう。	
	Whose is this?	
	これ、誰の？	
女の子	That's mine. These are toe shoes.	
	私のよ。トーシューズよ。	
ユージ	Toe shoes.	
	トー シューズ。	
女の子	Yes. You use these for ballet.	
	そう。バレエに使うの。	
ユージ	Ballet.	
	バレエ。	

女の子	You go up on your toes. Like this.	
	つま先で立つのよ。こういう風に。	
ユージ	Very good.	
	うまいね。	
女の子	Thank you.	
	ありがとう。	
ユージ	<u>Whose is this?</u>	
	これ、誰の？	
男の子	<u>It's mine.</u> This is snake's skin. Snake.	
	僕だよ。これはね、蛇の皮なんだ。蛇。	
ユージ	Snake.	
	スネイク。	
男の子	Skin.	
	皮。	
ユージ	Skin.	
	スキン。	
男の子	This is from a very long snake.	
	すごく長い蛇から取ったんだよ。	
ユージ	Long snake.	
	ロング スネイク。	
男の子	Yes. Do you like snakes?	
	そう。蛇は好き？	
ユージ	Yes.	
	うん。	
先生	Yuji, do you have a treasure?	
	ユージ、君は宝物を持ってる？	
ユージ	Yes.	
	うん。	
先生	What's your treasure?	
	君の宝物は何？	
ユージ	Trophy.	
	トロフィー。	
先生	Trophy.	
	トロフィー。	
ユージ	Swimming, running, and ...	
	泳いで、走って、…	
先生	Ah, triathlon!	
	ああ、トライアスロンかな？	
ユージ	Yes.	

先生	そう。 You did the triathlon! I've never done the triathlon. トライアスロンをやったんだ。僕は一度もやったことがないよ。 Yuji, you are a great sportsman. ユージ、君はスポーツが得意なんだね。
ユージ	Thank you very much. どうもありがとう。

(Web ページ全文訳より)

　実際にどんな英語を話し、聞いたかという言葉のやりとりだけでなく、うまく言えなくても相手が助けてくれて通じたことや、コミュニケーションの修復など、いわゆるコミュニケーション方略も随所に見られます。また、ミニユージ（子どもに変身したユージ）がいろいろな国の人々と一緒に何をしたか、何ができたかという交流体験は、そのまま教室での英語活動のカリキュラムづくりにも多くのヒントを含んでいます。

　つまり、20回を横に見て、その「チャレンジコーナー」のモジュールをつなげると、別のカリキュラムが見えてきます（表20）。英語を使って外国の人と「何かをする」、いわば英語体験カリキュラムです。

表20

番組タイトル	番組タイトル	番組タイトル
スキット　1	スキット　1	スキット　1
マヨケチャ	練習曲コーナー	マヨケチャ
練習曲コーナー	マヨケチャ	練習曲コーナー
スキット　2	スキット　2	スキット　2
映像コーナー	映像コーナー	**チャレンジコーナー**
チャレンジコーナー	**チャレンジコーナー**	映像コーナー
スキット　3	スキット　3	スキット　3

表21　2000年度チャレンジコーナー

		基本表現とテーマ	ゲストの国籍	場面・活動
1学期	1	Hi, I'm Yuji. Nice to meet you. 英語で Hi! みんな友だち！	つくばインターナショナルスクール	挨拶 ランチを食べる（サンドイッチ）

1学期	2	Hello! How are you? Good. 友だちは今日は元気かな？	アメリカ	訪問 ペットと遊ぶ（えさをやる）
	3	Who is this? This is my mother. 教えて、きみの家族のこと	スイス	訪問 アルバムを見る 挨拶
	4	Do you have a red pencil? Sorry, I don't. 困ったときは、聞いてみよう	コンゴ	絵を描く （絵の具を借りる）
	5	What's this? It's a butterfly. ふしぎなものがいっぱいあるね！	西アフリカ	民族楽器演奏
	6	Where do you live? I live in Nagoya. きみの町はどんな町？	ユーゴスラビア	町めぐり （鎌ヶ谷市）
	7	Do you like math? Yes, I do. だれにでもあるよね、すき・きらい	イタリア	ピザを作る
2学期	8	Touch your toes. OK. ぼくの言うとおりにやるんだよ！	アメリカ	ダンスを踊る
	9	How many legs does a spider have? Eight. 数えるのって楽しいね！	ガーナ	手品
	10	Can you do this? Yes, I can. 教えて、きみの得意わざ	中国	太極拳
	11	Let's make an origami box. That's a good idea. さあ、何して遊ぼうか？	ニュージーランド	ミルクしぼり、ピッグレイス、らくだに乗る
	12	Whose is this? It's mine. これ、だれの？ ぼくのだよ	つくばインターナショナルスクール	私の宝物 宝物紹介
	13	Where is my cap? Here you are. 知らない道もこわくない	インド	訪問 部屋案内

第 2 章　特色あるカリキュラムづくりに学ぶ

				（カレーを食べる、トイレ、カラオケ）
	14	When is your birthday? It's on December 7th 今日は何年、何月、何日？	タイ	訪問 写真を見る
	15	What time is it now? It's just 3:00. 大変！時計を忘れちゃった！	イタリア	パイを焼く
3学期	16	What will you have? I'll have Spaghetti and ice cream. ぼくスパゲティ、きみは何？	アメリカ	生け花
	17	What color do you want? I want blue. 好きなものは何？	ニュージーランド	大工を手伝う（かんなをかける、のこぎりで切る）
	18	How is the weather in Okinawa? It's fine. Hello! そっちの天気はどう？	アメリカ	電話をかける（天気を聞く）
	19	What's wrong? I have stomachache. 友だちのことがとても心配	韓国	民族楽器（チャングを叩く）
	20	Don't put plastics in this bag? Oops, I'm sorry. だめだよ！あっ、ごめん	つくばインターナショナルスクール	「だるまさんがころんだ」をする

表 22　2001 年度チャレンジコーナー

		基本表現とテーマ	ゲストの国籍	場面・活動
1学期	1	あいさつから始めよう！ "Hi, I'm Yuji. What's your name?"	横浜インターナショナルスクール、アメリカ	挨拶 手遊び
	2	えっ、これ何？ あれ何？ "What's that?"	ガーナ	ガーナの民族衣装、

1学期		"It's a mantis."		ガーナ料理
	3	人の好みはいろいろ "Which do you like?" "That one."	インド	訪問 インド料理を食べる
	4	ちょっと！どこへ行くの？ "Where are you going?" "To the park."	イギリス	オリエンテーリング
	5	知らない子がやって来た "Who is he?" "I don't know."	アメリカ	野球
	6	どんどん数えてみよう！ "How many cards do you have?" "13!"	ロシア	訪問 ロシア人形を数える
	7	それって、いつだっけ？ "When is the soccer game?" "Today!"	ブラジル	訪問 写真を見る、ボサノバを歌う
2学期	8	いい物、見せてあげようか？ "Do you have a dog?" "Yes, do you want to see?"	アメリカ	風船人形
	9	さあ、ゲームだ！ゲームだ！ "Are you ready?" "Ready!"	カナダ	縄跳び、ボール遊び
	10	クイズの達人は誰だ？ "Can you guess?" "Let me see."	トルコ	トルコ料理を食べる
	11	じゃあ、何時に来られるの？ "What time can you come?" "Right now!"	インドネシア	ガムラン演奏
	12	友だちからのプレゼント "May I open it?" "Yes, go ahead!"	オーストラリア、ニュージーランド	ホームパーティ、けん玉
	13	ねえ、ぼくにもやらせて！ "Let me try!" "Wait!"	ブラジル	パペット競演
	14	ねえ、これ知ってる？ "Do you know this?" "Of course!"	タイ	タイ料理を食べる、ボール遊び

	15	お願い！ それを見せて "Show me your card." "No!"	アメリカ	年賀状を作る
	16	今日は何して遊ぶ？ "What shall we do today?" "Let's clean our room."	カナダ他	遊ぶ サイモンセズ、 ドラムをたたく
3学期	17	ぼくが道案内するよ！ "Where is the supermarket?" "Over there."	韓国	買い物
	18	いちばん欲ばりなのは誰？ "Which is bigger?" "Let's check."	レバノン	野菜摘み
	19	あのね、これ頼める？ "Would you pass me the sugar?" "Here you are."	ドイツ	イースターエッグ作り
	20	気楽にいこうよ！ "Take it easy!" "OK!"	つくばインターナショナルスクール	腕相撲、空き缶積み

 けれど、そのような意図で構成された「チャレンジコーナー」が国際理解に役立つかどうかについての視聴者の反応は、後述する調査の結果が示すように、様々でした。そのことは、ある意味で現在、小学校英語が置かれている立場の複雑さを反映していると言えます。

 以下の資料は、2000（平成12）年の夏休みに大学の公開講座を受講した教員を対象に調査を行い、教員が『えいごリアン』をどのように評価したかの一端を示したものです。調査対象者のうちほとんどが、『えいごリアン』を初めて見たことや、視聴が1本だけであったこと、小・中・高の校種ごとに小学校での英語活動に関する予備知識に差があることなどの条件を考慮した上で、結果を見る必要があります。

(1) 調査対象

 2000（平成12）年8月10日〜13日に岐阜大学教育学部で実施された平成12年度岐阜大学免許法認定公開講座「カリキュラム計画・教育方法学特論」を受講した、小・中・高の教員等が対象です。この講座は専修免許取得のための講座であり、教職在職年数に応じた要修得単位数逓減の対象者であ

る在職年数6年以上の教員の参加が多くありました。なおこの講座は、遠隔テレビ会議システムにより、岐阜会場で133名、高山会場28名、土岐会場18名、郡上会場13名の計192名が受講しました。

(2) 調査方法

8月10日の講義の中で、まず、調査項目③までを回答してもらいました（表23）。その後、『えいごリアン』の第6回 Where do you live? をビデオで視聴し、その後、④以下の項目に回答して後日郵送してもらったものです。

(3) 調査内容とその結果

質問は全部で①から⑧までありましたが、そのうち以下では一部を示しています。

表23

① 『えいごリアン』という番組をご存知でしたか？　はい / いいえ

表1

	小学校	中学校	高校	その他	合計
はい	25 (34.7%)	1 (3.1%)	5 (9.4%)	0	31 (18.9%)
いいえ	47 (65.3%)	31 (96.9%)	48 (90.6%)	7 (100%)	133 (81.1%)
計	72	32	53	7	164

② 『えいごリアン』を一度でも視聴されたことがありますか？　はい / いいえ

表2

	小学校	中学校	高校	その他	合計
はい	16 (22.2%)	0	5 (9.4%)	0	21 (12.8%)
いいえ	56 (77.8%)	32 (100%)	48 (90.6%)	7 (100%)	143 (87.2%)
計	72	32	53	7	164

③ 『えいごリアン』を勤務先でご利用になったことがありますか？

はい / いいえ

表3

	小学校	中学校	高校	その他	合計
はい	11 (15.3%)	0	0	0	11 (6.7%)
いいえ	61 (84.7%)	32 (100%)	53 (100%)	7 (100%)	153 (93.3%)
計	72	32	53	7	164

⑦「ミニユージ（子どもに変身したユージ）」が、様々な国の人を訪問するコーナーについては、どう思われましたか？

表7

	小学校	中学校	高校	その他	合計
肯定的	48 (70.6%)	19 (59.4%)	35 (67.3%)	5 (71.2%)	107 (67.3%)
否定的	12 (17.6%)	6 (18.8%)	9 (17.3%)	0	27 (17.0%)
中間的・無答	8 (11.8%)	7 (21.9%)	8 (15.4%)	2 (28.8%)	25 (15.7%)
計	68	32	52	7	159

肯定的意見
・自分と同年齢の子が何とかコミュニケーションを図ろうとしているのがよい（小学校）。
・どこの国の人とも簡単にコミュニケーションが取れることがよく分かり、また基本表現の繰り返しがあり、子どもによく定着すると思った（小学校）。
・楽しい。服装や人柄に個性があって、とてもわかりやすい（小学校）。
・ミニユージは普通の小学生のようで、子どもたちにとっても身近に感じているようです（小学校）。
・外国の人といっても、いわゆる西洋人ではなくアフリカの人や中国の人などいろいろあって、そういう人たちも英語を話して通じるということが理解できることに意味があると思う（小学校）。
・登場している人物の明るさが素敵である（中学校）。
・キノコも興味をひいていいが、子どもが出てきて活動する部分はより現実に近くていい（中学校）。
・本当に少ない単語でいろいろな人と交流ができる。本来なら外国へ旅行して初めて体験できることかもしれないが、疑似体験的にできるのは価値がある（中学校）。
・英米の英語だけOKではないという考えがとても新鮮で、目からウロコという

- 感じでした（中学校）。
- 実際に同学年ほどの子どもが外国人の方と気軽に楽しく話す姿は、きっと子どもたちの憧れとなり、異国の人々に興味を持つ良いきっかけになると思います（高校）。
- 人と人との接する方法として互いの笑顔が重要で友好的な関係を作ることが学べます（高校）。

否定的意見
- いまひとつ。あれあれと、終わってしまう感じ（小学校）。
- もっとそれぞれの国の文化や特徴が現れた方がいいのではないかと思います（小学校）。
- どこの人であるかよく分からなかった。日本でなく外国で行うといいかもしれない（高校）。
- ミニユージのオーバーアクションが気になります（高校）。
- 日本にいる人を訪問しても仕方ないと思う（高校）。
- ユーゴスラビアの人と会っても、ユーゴスラビアの特徴が伝わってこないので、異文化理解ができないと思う（中学校）。

中間的意見
- 楽しくていいが、やや違和感がある（小学校）。
- ビデオをより効果的に見せるためには、何か事前に調べるなどすると良いと思う（高校）。

　この調査を行った時点での、『えいごリアン』の知名度はまだ低く、知っていた人は小学校教員でも3分の1程度、全体では5分の1にも満たないものでした。また実際に見たことのある人も全体の10％強しかいませんでした。授業で使ったことのある人は、小学校教員11名のみでした。そこで、番組を1本視聴した上でいくつかの質問を重ねました。⑦はそのひとつです。視聴後の質問では、「授業で使ってもいい」という回答は小学校教員で60％以上、全体でも50％を超えました。

　そのほか、「総合的な学習の時間」のために役立つかという質問に対しては、小学校教員で全体の67.6％、全体でも同じくらいの割合が肯定的に回答しました。賛成意見の主なものとしては、人と関わる力、コミュニケーション能力、総合的表現力の育成を「総合的な学習の時間」で養いたいとするもの、他教科の内容と関連がはかれるなど、活動のヒントや発展性を評価するものがありました。一方、反対意見の代表的なものは、「総合的な学習の時間を、自分が探求したい主題を見つけ、それを解決していこうとする学習だととらえた時にそのことに役立つものとは思えない」というものでした。

「国際理解教育」のために役立つかという質問に対しては、小学校教員の75％、全体では67.3％が肯定的にとらえていました。中学校、高校の教員では60％弱にとどまっています。肯定的意見は、単なる英会話ではなく異文化の要素や様々な国の人との触れあいを評価していますが、逆に、異文化の要素が弱い、国際理解として浅いという否定的意見もありました。

⑦では小学校教員の70.6％、全体では67.3％が肯定的に答え、中学校教員の評価が一番低くなりました（59.4％）。否定的意見としては、「もっとそれぞれの国の文化や特徴が現れた方がいいのではないか」「どこの人であるかよく分からなかった」というのが多くありました。視聴してもらった番組ではユーゴスラビアの人とユージの交流がありましたが、ゲストの住居にたどりついたところまでで終わって中に入らなかったことが影響しているかもしれません。このコーナーを外国で撮るべきだという意見や、コーナーが短くて、ユージが基本表現を繰り返すだけだとの指摘もあり、問題解決的行動を期待する意見もありました。

反対に肯定的意見では、「同学年ほどの子どもが外国人の方と気軽に楽しく話す姿は、きっと子どもたちの憧れとなり、異国の人々に興味を持つ良いきっかけになると思います」のような意見が代表的なものであり、登場する外国人の「国」を代表する人としてではなく、個人としての個性を評価する意見も見られました。感想に見られた「ユーゴスラビアの人と会っても、ユーゴスラビアの特徴が伝わってこない」と「この国の人だからこうなんだというような、固定観念ではなく、どこの国の人も同じなんだという思いをいだくのではないか」という意見の相違は、教員の間でも「国際理解」という概念の解釈が様々であることを示していると思います。

またこの他、番組を受身的に見るだけではなく、これをどう使うか、使い方次第だという意見も多くありました。この番組をヒントとして発展的な学習活動に結びつける、別に国際交流活動を行う、事前に調べる活動を入れるなどの提案もみられました。

なお『えいごリアン』は、2002（平成14）年9月に、イタリア・パレルモで開催されたテレビ番組の国際コンクール「イタリア賞」において、ウェブサイト・クロスメディア部門のイタリア賞（最優秀賞）を受賞しました。イタリア賞とは、1948（昭和23）年に設立された世界で最も古く権威のあるテレビ番組の国際コンクールで、毎年イタリアで開かれているものです。この年は54回目にあたり、ウェブサイト・クロスメディア部門の応募は33件。

テレビとウェブサイトをいかに有効に連動させたかが評価の対象になったものです。

　また、2002（平成14）年4月から、『えいごリアン』の上級番組として、高学年向けの「総合的な学習の時間」（国際理解）対応番組『スーパーえいごリアン』の放映が開始されました（図10）。ここでは、いわば「チャレンジコーナー」を拡大したような作り方がされています。ミニユージならぬ3人の小学生が、オーストラリア出身のサイモンと一緒に、毎回いろいろなところに行って、様々な活動を行うという完全な「活動・体験シラバス」です。シラバス構成の単位として、はっきりと「活動」が打ち出されています。第1回目の放送では「ポップコーンを作ろう」が活動テーマになっていました。この放送を見ながら筆者は、前述の横浜市「小学校国際理解教室」を思い浮かべていました。

　テキストの番組紹介には、

> 『スーパーえいごリアン』と言っても、これを見ながら英語を勉強しよう！という番組ではありません。…（中略）…これは、英語を通じて、不思議なこと、新しいことにどんどん挑戦してみよう、という番組

と書かれています。さらに番組企画委員である小泉清裕氏は、

> 『スーパーえいごリアン』は、小学校高学年の児童が英語を聞くことを楽しむために作られている番組です。

と述べています。

図10　NHK『スーパーえいごリアン』のホームページ

第2章 特色あるカリキュラムづくりに学ぶ　169

　前述のように『えいごリアン』との違いは、『えいごリアン』では毎回基本英語表現が番組の軸になっていましたが、『スーパーえいごリアン』では活動が中心になっている点にあります。英語を使って「何か」をするとか、「何か」に挑戦するという点で、視聴者の興味や関心は意味のある活動に引きつけられます。その中で豊富な英語を聞くことができるし、同年代の子どもたちが行っている英語でのコミュニケーションを観察することができるということが特徴です。

表24　2002年度『スーパーえいごリアン』20の英語活動

		活動テーマ	活動内容
1学期	1	ポップコーンを作ろう	英語で指示を聞きながらポップコーンを作る。
	2	動物の食べ物	動物園に行って、飼育係に挑戦する。
	3	世界の子どもの遊び	外国の人に、その国ならではの遊びを教えてもらう。
	4	ウォールペインティングに挑戦	絵の具を混ぜて好きな色を作りながら、大きな絵を完成させる。
	5	ボウリングで勝負！	ボウリングをしながら、残ったピンの数とスコアを計算する。
	6	北はどっちだ？	コンパスと地図を頼りにオリエンテーリングを楽しむ。
	7	キャンプの買い物	キャンプに行くために、必要な物を買う。
2学期	8	お気に入りのミュージシャン	好みのミュージシャンや曲を友だちと紹介し合う。
	9	測ってみよう	フィート、インチなどの単位でいろいろなものを測ってみる。
	10	大人の仕事	大人の職場を訪ね、どんな仕事をしているのか観察する。
	11	これ、何の記号？	不思議な記号やマークを探し出し、その意味を知る。
	12	国際電話をかけよう	外国の人に電話をかけて日付・時間・天気などを質問する。

2学期	13	家の中を探検しよう	歴史のある日本家屋を訪ねて、外国の人を案内してあげる。
	14	だれの落とし物？	忘れ物センターを訪ねて、忘れ物の持ち主を予想する。
	15	いつもとちがうクリスマス	外国人の家を訪ね、日本人とはずいぶん違うクリスマスを体験する。
3学期	16	ぎょうざでお正月	中国の正月には欠かせない餃子を食べたり、作ったりする。
	17	形でデザインしよう	円・三角・四角などの形を使って、デザインしながら物を作る。
	18	ものの歴史をたどろう	身近な道具が発見され、進歩してきた歴史を振り返る。
	19	大きな大きな数	天文台で星の観察をして、その星と地球との距離を数で表してみる。
	20	足跡を追え！	雪の積もった冬の牧場で、動物の足跡探しをする。

　この両番組のチーフ・プロデューサーであるNHK教育番組部の箕輪貴氏が、「2001年度『えいごリアン』10校プロジェクト報告書」のあとがきで、21世紀の夢として「えいごリアン」と「スーパーえいごリアン」を次のように定義しています。

> えいごリアン［eigorian］英語を使って楽しくコミュニケーションができる人、またはそうした能力を習得しようとする人
> スーパーえいごリアン［super-eigorian］NGOなどの活動で国際的に功績のあった人に与えられる称号

ここに『えいごリアン』という番組のコンセプトがよく現れていると思います。

第3章

1校1校からの出発

1. カリキュラムをつくるために

　前章では、放送番組のカリキュラムも含めて、いろいろなカリキュラムづくりの体制と形を紹介してきました。

　ここで改めて、一般的なカリキュラムづくりのプロセスを説明しておきたいと思います。カリキュラムづくりは、以下のように①から始まり、また①に戻るという、サイクリックなプロセスで構成されています（図11）。

図11

```
① 状況分析／ニーズ分析（年間授業時間数、指導体制、地域の協力等、学校の内
                    外の諸条件、学習環境の分析）
⇩
② 学習目標の設定
⇩
③ 学習内容の決定（内容の選択・組織、シラバスデザイン・年間指導計画作成）
⇩
④ 指導法の決定（学習経験の選択・組織、授業展開、活動の選択）
⇩
⑤ 教材の選択・開発
⇩
⑥ 授業実施
⇩
⑦ 評価（児童の評価、カリキュラムのアセスメント、フィードバック）
⇩
①
```

　①の状況分析では、社会的要請や、地域社会の価値観、父母の期待などの外的要因や、児童の特性・ニーズ、教師の知識・経験、教師集団の関係、学校の雰囲気などの内的要因などカリキュラムをめぐる諸要素を点検することになります。これまでは、状況分析は言葉だけのこととしてほとんど実際には行われていなかったようですが、小学校英語については、国のレベルでも、

地方自治体のレベルでも、またそれぞれの学校というレベルでも、今後重要になってくると思われます。教育の分野でほとんど用いられなかった社会学的、政治学的研究も必要になってくるかもしれません。

②の目標設定は、⑦の評価と対応して、カリキュラムづくりの上では最重要な段階です。カリキュラムの明確な目標を示さず、抽象的で、ムードに流された議論がなされがちな我が国教育界にあっては、カリキュラムそのものの評価もなされることが少ないのです。具体的で明確な目標を持ったカリキュラムを構成し、実践と評価を積み重ねることでしか、確実な教育の改革は行われようがないと思います。一つひとつの学校のカリキュラムづくりが、小学校英語活動に関する確実な事実と知見の積み上げのもとになってほしいし、行政関係者も研究者もそれを支援していかなければならないと思います。

2. 一つひとつの学校に求められること

前章で、特色あるカリキュラムづくりの例を示しましたが、これらは日本全国数ある中のほんの一例にすぎませんし、ベストだと考えているわけでもありません。どこどこの学校のカリキュラムが、どこどこよりも優れているということは一概に言えることではありませんし、また、そういうことに、とらわれないほうがよいと思います。

一つひとつの学校をとりまく環境は実に多様です。例えば、人口5万人あまりの岐阜県美濃加茂市は外国籍居住者の割合が、2002（平成14）年2月現在6.7％に達しています。市内の古井小学校には、ブラジルを中心に外国籍の児童が34名在籍しています。ここでは、いわゆる英語活動とはまったく異なるブラジルと日本の文化を学ぶ異文化理解教育が「総合的な学習の時間」等を活用して行われています。外国人との共生や相互理解のためのコミュニケーション能力の育成が大きな目標です。同じ市内の津田左右吉出身校の下米田小学校では豊かな表現力をつけることを目的にした英語活動が行われています。また、坪内逍遥出身校である同じく市内の太田小学校では、実に総合学習らしい総合学習が展開されています。同じ市内の学校でも、それぞれが別々の、その学校にとって必要なことを、それぞれにやっているのがとても好ましいと筆者は思っています。それこそが先に述べた状況分析の結果なのですから。

英語に触れさせることで子どもをどう豊かにできるか、その可能性を十分

考えること、子どもと英語との関わりをどうつくっていくのか、教員相互がよく話し合って一定の合意をつくることが必要です。それぞれの学校の環境の中で、国際理解がどのような意味を持っているのか、そして国際理解と英語教育の関わりについても、納得のいくまで議論してみることが大事です。

3. 一人ひとりの教師に求められること

　これまで、英語活動のカリキュラムづくりは、子どもたちと英語との関わりを創造することだと述べてきました。そのことは同時に、教師にとっても英語と、また、外国語あるいは外国、外国人と自分の関わりを再認識することを必要としています。これは前にも述べたように、英語だから特別なのではなく、環境であっても、福祉であっても、性教育であっても同じであると思うのです。「総合的な学習の時間」が教育課程の中に設けられた理由が、知識や技能を授けることよりも深い何か、いわば、答えのない問題を考え続ける力を育成することであるとするなら、「正答を知っている教師」という立場に立つことはもはやできないのです。子どもに正答のない課題に向け、追求することを求めるなら、教師自身もエンドレスのカリキュラムづくりという課題追及に挑戦しなければならないと思います。

　そのためには、それぞれの地域でそれぞれの必要に応じてカリキュラムづくりを行うということと矛盾するようですが、一方で学校や狭い県域を越えて、視野を広げていくことも必要です。

4. 行政に求められること

　稲垣（2000、p. 191）が述べているように、1998（平成10）年9月に出された中央教育審議会の答申「今後の地方教育行政の在り方」は、「総合的な学習の時間」を決めた1998年7月の答申とセットをなすものと言えます。「今後の地方教育行政の在り方」の基本的トーンは、教育行政における地方分権と学校運営の自主性・自立性の確立と促進にあります。教育行政のトップダウンという方向の転換と、学校現場からの改革を支える地方教育行政の充実が特に求められています。各学校でのカリキュラムづくりの実践をせかさず、気長に実質的な支援をすること、教師の自発的な取り組みを促進する施策が求められているのです。

第 V 部

「教える人」をどう育てるのか：教員養成と研修

第 1 章
指導者をめぐる諸問題

第 2 章
教員研修プログラムの実態

第 3 章
小学校英語教員養成のためのカリキュラム試案

第1章 指導者をめぐる諸問題

「誰が教えるのか」という問題は、小学校への英語教育導入が検討課題になった当初から一貫して問われてきた課題であり、現在でも十分コンセンサスが得られていません。文部科学省は『小学校英語活動実践の手引』では、

> 基本的には学級担任を中心に進められることが望ましい。(p.14)

と述べたものの、「『英語が使える日本人』の育成のための行動計画」では、

> 児童が異なった言語や文化などに触れ、興味や関心を持つことや、音声を使った体験的な活動を行うことが重要であることから、ネイティブスピーカーなど高い英語力を有する者の活用が重要である。(「5. 小学校の英会話活動の支援」より)

として、英会話活動の

> 実施回数の3分の1程度は、ネイティブスピーカーや中学校の英語教員等による指導が行えること

を、目標に掲げました。

『手引』はそれまでの研究開発学校での取り組みが下敷きになっていますので、学級担任の頑張りが目立ち、またその効果も強調されました。しかし、英語活動を実施する小学校が広がりを見せ、また授業時間数が増え学習期間も長くなってくるにつれ、指導者不足が表面化し、研究開発学校など少数の学校で主流だった指導体制が見直されてきているのかもしれません。

1. 学級担任（HRT）か英語専科教員（JTE）か

結論を先に言うなら、小学校の英語活動を誰が責任を持って指導すべきかという点に関して現在の私の考えは、『手引』で述べられているとおり、第一に学級担任（HRT: Homeroom Teacher）だということです。そのことは決して、英語専科教員（JTE: Japanese Teacher of English）の存在も、外国語指導助手（ALT: Assistant Language Teacher）とのティーム・ティーチング（TT: Team-Teaching）も否定するものではありません。しかし、「子

どもたちの英語を通したコミュニケーションへの意欲や積極的な態度の育成」という小学校英語活動の趣旨からすれば、子どもの実態をよく理解している学級担任が中心になって進めることは当然のことだと思います。専科教員もALTも地域ボランティアもいてかまいません。しかし、彼らだけの授業はあり得ないと思うのです。

2003（平成15）年4月に設立総会を開いたNPO「小学校英語指導者認定協議会」（会長：大河原愛子氏）の設立趣旨に次のような文言があります。

> …（中略）…40万人を超える小学校教員の大部分は英語を教える資格をもっていないだけではなく、英語を教えることに不安を感じているのが実情です。（下線は筆者による）

ここでいう「英語を教える資格」とは何でしょう。小学校で英語を教える資格など誰も持っていないし、そんな資格をどこも出していないのです。中学校、高等学校で英語を教える免許を持っている人はいるでしょう。しかし小学校の英語には、少なくとも現在はありません。

今「総合的な学習の時間」などを使って、それぞれの地域、学校、児童の実態に応じて英語活動に取り組むと決めることのできるのも学級担任ですし、決めたら学級担任が中心になって計画、指導するのは当然ではないでしょうか。英語が難しくて教えるのに不安を感じるというのであれば、そんな難しいものを子どもに課そうとすること自体がおかしいし、英語活動のとらえ方そのものが間違っています。英語を使って積極的に外国の人と関わってみようとすることが、英語活動の目指すところです。先生自身がそうできなくて、子どもに何を要求するのでしょうか。学級担任の先生がこれから研修を受けて、英語力を向上させていくことはもちろん必要です。しかし、先生よりピアノがうまい児童がいても音楽の授業が成立するように、英語の発音が下手な学級担任にも、英語でのコミュニケーションを体験させる授業を仕組むことはできるのです。

将来的に、小学校の英語担当教員を専科にすべきかどうかという点については、今後、小学校の英語をどういう位置づけにするのかにかかっていると思います。現在、最も安直な人的支援方策として、中・高の英語免許保持者を小学校に配属することが検討されているようですが、中・高の英語の先生がそのまま小学校に降りてきても通用しないことは、過去の研究開発学校で多くの事例が示していることです。「行動計画」ではすべての英語教員が一定

の英語力を持つことが目標に掲げられましたし、5か年計画で集中的な研修が実施されることになるようです。英語力は確かに英語指導の基礎ですが、教授力も必要であり、特に小学校段階での教授力は中・高の英語教員にも、かなりの研修を必要とするでしょう。

2. ALTの問題点

　さて、外国人指導者の存在の重要性については、その人自身が異文化を体現していること、英語を使う必然性が生まれること、したがって英語を使うことへのモティベーションを高めることなど、言うまでもありません。ALTとしては、英語を母語とする外国人だけでなく、「英語が使える」外国人でもかまわないと思います。ALTの中の優秀な人材を正規教員として採用する方針も「行動計画」には挙がっています。現に千葉県成田市は2004（平成16）年度から、

① 日本語が話せること
② 母国の教員免許状を持っていること
③ 教員経験のある人

などを条件に、市内の小中学校に英語を母語とする外国人を正規教員として採用する方針を決めました。
　しかし、外国人指導者をめぐっていろいろ問題があることも事実です。例えばALTとひとくくりにしがちですが、ALTの実態も千差万別です。JETプログラム（Japan Exchange and Teaching Programme：語学指導等を行う外国人青年招致事業）によるものや、各自治体が海外姉妹都市などから招いているALTと、民間語学学校などとの業務契約によるALTではかなり経験や資質が異なります。前者は、教員歴や英語指導歴は乏しく日本語も不自由な場合が多いのですが、日本の中・高を経験した後では、日本特有の多人数指導やTTの経験があります。これに対して後者の場合、英語の指導経験が豊富で指導技術もありますが、TTというものに慣れていません。一人で教えることを好みます。また、多くの語学学校や塾は少人数指導であり、しかも能力別クラスであることが多いので、いろいろな能力の児童が混在して大勢いる日本の普通のクラスにはとまどうことも多いのです。
　問題は、外国人だからお任せではなくて、日本の小学校英語活動のねらい

や方針をよく理解してもらい、成果が上げられるようなALT向けの研修をいかに行うことができるかです。外国人からは、英語のモデルを示したり、会話の相手になるという以外に、英語を使って「何かする」ということのアイディアを出したり、活動を組織したりすることにも支援をもらいたいものです。

3. 民間人の活用ということ

英語に堪能な地域人材の活用ということで、海外生活経験などにより英語に堪能な社会人をボランティアや特別非常勤講師として配置することが行われるようになっています。1996（平成8）年から試行された金沢市のEAA（English Activity Assistant：英語活動指導協力員）や、緊急雇用対策として打ち出された「緊急雇用地域特別基金」を活用した名古屋市の英語非常勤講師の派遣（1999（平成11）年から）などは比較的早い時期のものです。英検などの一定の資格の有無や海外生活経験を元に面接して選抜する場合や、児童の保護者が志願する場合など、その人選や配置のシステムはまちまちです。海外赴任が長かった初老の男性が、孫のような小学生と英語で話すクラスを見学したことがありますが、地域に埋もれていた優秀な人材をよくぞ発見したものだと感動しました。閉鎖的だと言われてきた日本の学校が、遅ればせながら地域に開かれた学校づくりを始めていることは、全体としては評価すべきでしょう。

問題は、長期間進んで仕事に打ち込んでくれる信頼できる人材の確保が一般的には難しいということです。また意欲をもって取り組んでくれるボランティアや特別非常勤講師が、各校の英語活動の長期的な指導計画の作成にも関われるようにするシステム作りも重要です。

第2章 教員研修プログラムの実態

　現職教員を対象にした小学校英語活動研修プログラムには、大きく分けて国や地方自治体の教育委員会などが主催する公的なものと、学会、大学、出版社、英会話専門学校、塾などが主催する民間のものがあります。後者の場合は基本的には教員の自主参加であり経費も個人負担になりますが、前者の場合は推薦による場合も多く、必ずしも自主参加ではありません。公的な現職教員研修は、自治体により勤続年数ごとにいろいろなメニューが決まっています。小学校の国際理解教育や英語活動をテーマにした研修の機会は徐々に増えてきていますが、小学校での英語の位置づけが教科ではないため、全員参加を義務づけた研修という形を取っているところはまだ多くないようです。

1. 国の研修

　2001(平成13)年度小学校英語活動研修講座は文部科学省と独立行政法人教員研修センターの主催により、3回に分けて各回200人の受講者を予定して行われました。これは国が行う小学校英語活動のための教員研修プログラムとしては最初のものでした。
　趣旨は、

> 小学校の「総合的な学習の時間」において、各学校が国際理解に関する学習の一環としての英語活動を行う場合に、小学校段階にふさわしい学習活動ができるよう支援するため、指導的な立場を担う小学校教員及び教育委員会の指導主事等に対して、基本的な知識や指導方法等を習得させる。(研修講座配布資料より)

ということです。
　受講資格は、各都道府県において指導的立場にある小学校(盲学校、聾学校及び養護学校の小学部を含む)の教員または教育委員会、教育センター等の指導主事等で、都道府県教育委員会の推薦するものとされています。
　第1回は、2001(平成13)年10月29日から11月2日の5日間にわたって、国立オリンピック記念青少年総合センターで開催されました。全国31

の都道府県から165名が参加し、その9割が小学校教員でした。研修内容は、

> ① 「総合的な学習の時間」における英語活動の理論や内容方法など英語活動の基本的な知識に関する講義
> ② 年間指導計画の作成、教材・教具の作成、授業の構成及び英語活動の内容と方法の基礎、評価など英語活動の実際的な知識に関する講義
> ③ 模擬授業及び意見交換を行う英語活動の実践に関する講義及びワークショップ

からなります。第3日までは、1日3コマの全体講義、第4日、第5日は5班に分かれてのグループ別ワークショップが行われました。テキストとして、『小学校英語活動実践の手引』が配布されました。講師と講義題目は以下のとおりです（職名は当時）。

> 第1日 「総合的な学習の時間」と英語活動
> 　　　　　　　　　　文部科学省国際教育課
> 　　　　　　　　　　国際理解教育専門　　　　　新山　雄次
> 　　　　小学校英語活動の現状と展望
> 　　　　　　　　　　宮崎大学教授　　　　　　　影浦　攻
> 　　　　英語活動の基本的な理論
> 　　　　　　　　　　宮崎大学教授　　　　　　　影浦　攻
> 第2日 年間活動計画の構想
> 　　　　　　　　　　宮崎大学教授　　　　　　　影浦　攻
> 　　　　英語活動の方法・内容・活動案の構想
> 　　　　　　　　　　岐阜大学教授　　　　　　　松川　禮子
> 　　　　授業の観察　　岐阜大学教授　　　　　　松川　禮子
> 第3日 歌、チャンツ、クイズ、ゲームなどの実際
> 　　　　　　　　　　文化女子大学非常勤講師　　久埜　百合
> 　　　　教材・教具の作成の実際
> 　　　　　　　　　　文化女子大学非常勤講師　　久埜　百合
> 　　　　教室英語の実際　日本外国語専門学校講師　トム・マーナー
> 第4日 授業の構想・授業実践への準備
> 　　　　　　　　　　塩竈市立浦戸第一小学校教諭　小野寺　由起
> 　　　　　　　　　　成田市立成田小学校教諭　　佐藤　広幸
> 　　　　　　　　　　文京区立誠之小学校教諭　　三浦　邦子
> 　　　　　　　　　　金沢市立南小立野小学校教諭　今井　京
> 　　　　　　　　　　河内長野市立天野小学校教諭　梅本　多
> 　　　　　　　　　　上記各学校のALT
> 第5日 授業実践・授業への反省・意見交換

塩竃市立浦戸第一小学校教諭	小野寺　由起
成田市立成田小学校教諭	佐藤　広幸
文京区立誠之小学校教諭	三浦　邦子
金沢市立南小立野小学校教諭	今井　京
河内長野市立天野小学校教諭	梅本　多
上記各学校の ALT	

　第2回は、2001（平成13）年12月10日から12月14日の5日間にわたり、大阪府教育センターで開催されました。北陸、東海、近畿、中国と四国の一部、15県から139名が参加しました。第1回目との違いは、教育委員会、教育センターの指導主事の参加が多かったことです。全体の4分の1弱が指導主事クラスでした。受講者の中には、大阪府羽曳野市の巽俊二氏、大阪府教育センター指導主事の菅正隆氏、京都市立永松記念教育センター（当時）の直山木綿子氏など、英語教育界では名の知られた人も混じっていました。

　講師陣、プログラムはほとんど同じですが、開校式に続く行政説明は、文部科学省初等中等教育局国際教育課係長・近藤裕史氏、2日目の2、3コマを近畿大学教授・樋口忠彦氏が担当、ワークショップの講師に那珂川町立安徳北小学校の上原明子教諭と ALT の Justin Kulpa 氏が加わりました。

　この研修に参加した菅正隆氏が『英語教育』（2002年3月号、p. 37）の「（やっぱり）どこか変だよ英語教育」で、辛口の批評を書いているのが印象的です。

　この研修講座はその後、2001（平成13）年度第3回が2002（平成14）年2月に東京で行われました。平成14年度も引き続き行われ、東京のほか、広島でも開催されました。「『英語が使える日本人』の育成のための行動計画」にも「英会話活動担当教員の指導者となる教員の研修を重点的にする」という文言で、研修の充実が掲げられています。2003（平成15）年度には茨城県つくば市の教員研修センターで研修が行われました。

2. 地方自治体の研修

長岡市の人材教育

　ここ数年、地方自治体の教育委員会や教育センターが主催する教員研修の開催も目立ってきました。上記の国の研修を受けた教員や指導主事が計画

し、あるいは指導者をかねる研修が広がりつつあります。ここでは新潟県長岡市の例を紹介したいと思います。

長岡市は、幕末維新期に活躍した長岡藩士・河井継之助を主人公にした司馬遼太郎の小説『峠』の舞台となった街です。近くは、小泉純一郎首相が引用した「米百俵の精神」を教育尊重の原点として、特色ある人材育成に取り組んでいます。

長岡市の人材育成については、2001（平成13）年10月13日に長野市で開催された日本児童英語教育学会（JASTEC）関東甲信越支部研究大会での、長岡市教育委員会人材教育指導室の吉川純子氏による「『長岡市の人材教育（言語系）』の理念および実践の展開」と題する報告があります。「長岡の人材教育」は、1995（平成7）年から行われており、子どもたちの情操を高め、個性を尊重し卓越性をのばすことを目標にしています。市内の小・中学校をそれぞれ数校のグループに分け（学校群方式）、希望者に体育系、芸術系、言語系の中から得意分野、好きな分野を選ばせ週1回から月1、2回程度特別指導を行うものです。小学校では5、6年で実施され、言語系に英語指導が位置づけられています。専門の指導者が学校を訪問し、先生の援助や子どもたちへの直接指導を行い、予算・施設設備の効率化を図るという新しい教育システムで、このために人材教育指導室が教育委員会の中に設けられました。

「長岡の人材教育」というシステム全体も、学区を越えたオープン・スクール制や官民問わない指導者の派遣など、興味深いところですが、ここでは話を小学校英語に限定して進めます。

英語活動への支援体制

「長岡の人材教育」（小学校言語系・英語）の実績、指導形態等は、次ページの表1のとおりです。1997（平成9）年度からは単独校での実施もあり市内37の全小学校が参加し、2001（平成13）年度には参加児童数は1,929人になっています。指導体制は、人材教育指導室からALTとJTE（日本人英語指導員）をペアで派遣し、学校側の担当者とTTで行うという形になっていますが、将来は学級担任が自分で教えることを目指して、支援体制の整備が進められています。中でも注目されるのは、要請訪問（one shot）と呼ばれる指導形態で、これについては吉川氏の発表をもとに酒井（2002）が報告していますので一部を引用し、またその指導の流れを吉川（2001）の発表資料より以下188〜189ページに転載します（図1）。

…(中略)…要請訪問の活動は、過去の人材教育の英語活動の取り組みを踏まえて作成した年間指導計画、単元別ユニット構想、指導案例、教材等を各学校に資料として配付し、それをもとに多くの小学校が活動に取り組んでいる。要請訪問は充実した活動を行うために次の手順で活動日を迎える。①学級担任（HRT）が人材教育指導室から配布された資料を基に指導原案を提出。②JTEがHRTに学級や子どもの様子を聞き、ALTと指導原案を検討し、必要に応じて変更して返却。③活動日当日までHRTは活動に使う表現の練習、グループ分け、教材作成等の準備を行い、JTE・ALTは綿密な打ち合わせ、役割分担の明確化、教材の作成等を行う。このような手順を踏まえて、HRT・JTE・ALTの3者で指導にあたっている。（酒井、2002、pp. 2-3）

表1

数字で見る長岡市の英語活動の歩み

長岡市の概要　　　　　　　　　　　　　　　平成13年5月1日現在

校種	校数	生徒数	教員数
公立小学校	37	11,020	558

「長岡の人材教育」（言語系・英語）実績　　平成13年7月25日現在

年度	参加校	学校群および単独校数	参加児童数	ALT数	JT数
H. 7年度	6校	2群（A、B）	136	1	2
H. 8年度	6校	2群（A、B）	93	2	2
H. 9年度	37校	2群（A、B） 単独校31校	2,299	5	5
H. 10年度	37校	4群（A、B、C、D） 単独校21校	1,334	5	5
H. 11年度	37校	4群（A、B、C、D） 単独校17校	1,077	5	5
H. 12年度	37校	6群（A、B、C、D、E、F） 単独校7校	1,964	5	5
H. 13年度	37校	6群（A、B、C、D、E、F） 単独校7校	1,929	8	8

英語指導の形態

活動の種類	指導者		対象
	人材教育指導室より	学校	
人材教育における学校群方式	ALTとJT（日本人英語指導員）を人材教育	拠点校の言語系担任教諭	5、6年

	指導室からペアで派遣		
人材教育における 単独校方式 （クラブ）	ALT と JT を人材教育 指導室からペアで派遣	学校のクラブ 担任教諭	4〜6年
人材教育における 単独校方式 （校長裁量）	ALT と JT を人材教育 指導室からペアで派遣	学級担任	1〜6年
要請訪問 （One Shot）	ALT と JT を人材教育 指導室からペアで派遣、 または ALT のみの派 遣	学級担任	1〜6年

要請訪問実績　　　　　　　　　　　　　　　平成13年8月17日現在

年度	訪問校数	訪問時間数	人数
H. 10 年度	15 校	49 時間	1,944 人
H. 11 年度	16 校	44 時間	1,309 人
H. 12 年度	20 校	228 時間	6,533 人
H. 13 年度（1 学期のみ）	20 校	129 時間	3,676 人

［注］　H.13 年度の訪問校数は 36 校（37 校中）、訪問時間数は 662 時間が見込まれる。

　さらに 2001（平成 13）年 7 月には、「長岡の人材教育」言語系研修会・小学校英語研修会が日本児童英語教育学会（JASTEC）の後藤典彦、内山京子両氏を講師として開催されました。プログラムは午前午後の 2 部構成で、以下のとおりです。

　研修 I　（午前の部）　担当：後藤
　　(1)　小学校における英語指導の実施状況と課題
　　(2)　小学校における英語指導で大切なこと
　　(3)　小学校における英語指導の進むべき道
　研修 II　（午後の部）
　　(1)　実技指導：模擬授業　　　　　　担当：内山
　　(2)　カリキュラム編成上の留意点　　担当：後藤
　　(3)　現在実施しているカリキュラムの検討・考察
　　　　　　　　　　　　　　　　　　　担当：後藤・内山
　　質疑応答　担当：後藤・内山

参加者は34名で、うち小学校教諭19名、教育委員会学校教育課から2名、人材教育指導室から室長、指導主事、英語指導員5名、ALT6名でした。教員だけでなくALTや教育委員会の指導主事等が一緒になって研修を受けた点、講師に大学教授ではなく学会から理論的、実践的に力のある専門家を呼んだ点に、人材指導室の情報収集力と開明性がうかがえる内容になっています。

図1 「HRTの指導案作成」基本システム（188〜189ページ参照）

京都市の英語活動スキルアップ講座

その他、地方自治体の研修のうち、特徴的なものとして京都市の小学校英語活動スキルアップ講座を紹介します。京都市が小学校英語活動について本格的かつ独自な取り組みを続けていることは第Ⅳ部で述べました。現職教員研修についても教育委員会（総合教育センター研修課）主催の講座はすでに様々な形で行われてきました。特に2003（平成15）年度には、教育委員会と教員の自主的な研究組織である京都市小学校英語活動研究会の共催で5回連続の講座が開設されました。筆者自身第1回の講師を務めさせてもらいました。いずれも平日の夜間開講で、職務を終えた後集まって2時間あまりの講座を受ける教員の熱気と企画者の熱意、組織力に、公的なものでありながらお仕着せの研修にとまらない地域の強い個性を感じました。

ここに許可を得て、研究会から発行された講座の案内状（図2）を掲載します。

図2 小学校英語活動スキルアップ講座のご案内（190ページ参照）

図1

「HRTの指導案作成」基本システム
── 「長岡の人材教育」英語活動を生かした指導案とその循環 ──

吉川　純子
（長岡市教育委員会 人材教育指導室）

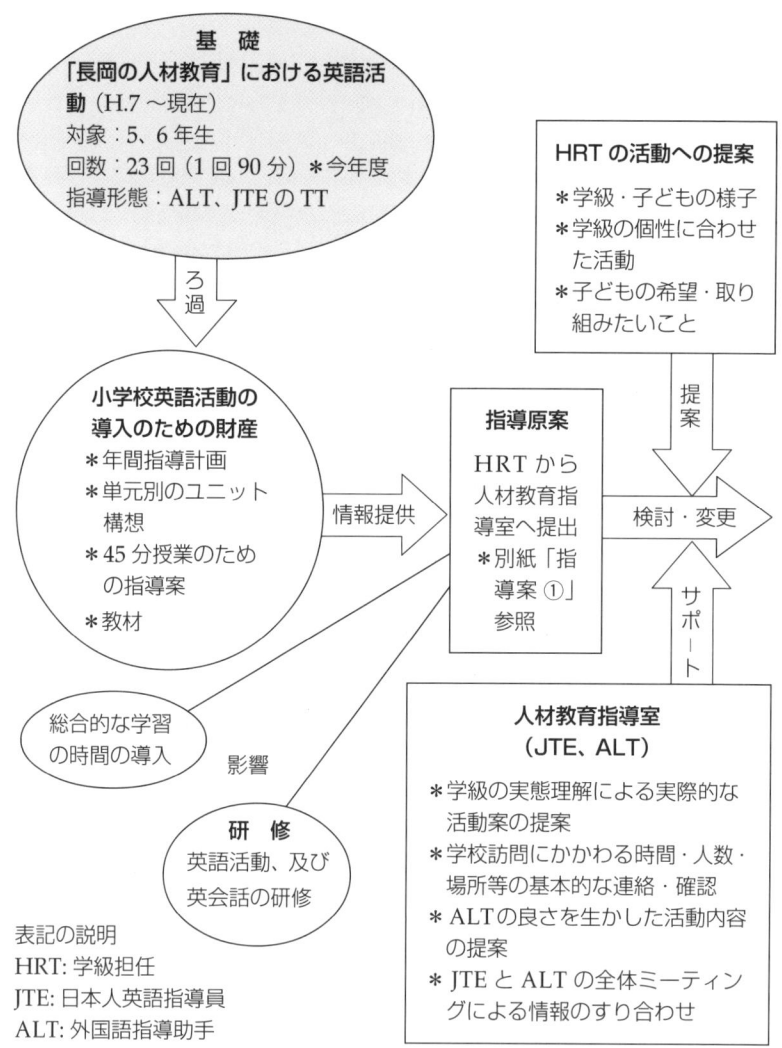

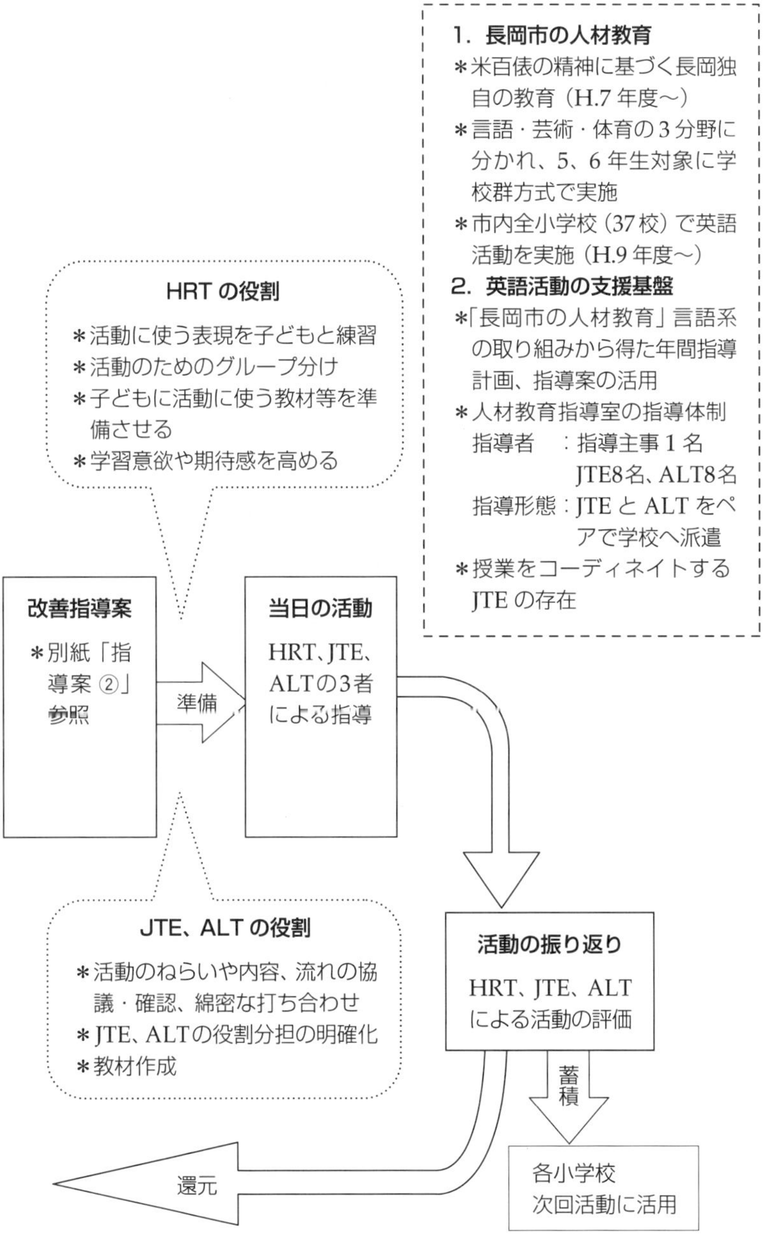

第2章 教員研修プログラムの実態

1. 長岡市の人材教育
- ＊米百俵の精神に基づく長岡独自の教育（H.7年度〜）
- ＊言語・芸術・体育の3分野に分かれ、5、6年生対象に学校群方式で実施
- ＊市内全小学校（37校）で英語活動を実施（H.9年度〜）

2. 英語活動の支援基盤
- ＊「長岡市の人材教育」言語系の取り組みから得た年間指導計画、指導案の活用
- ＊人材教育指導室の指導体制
  指導者　：指導主事1名
  　　　　　JTE8名、ALT8名
  指導形態：JTEとALTをペアで学校へ派遣
- ＊授業をコーディネイトするJTEの存在

HRTの役割
- ＊活動に使う表現を子どもと練習
- ＊活動のためのグループ分け
- ＊子どもに活動に使う教材等を準備させる
- ＊学習意欲や期待感を高める

改善指導案
＊別紙「指導案②」参照

→ 準備 →

当日の活動
HRT、JTE、ALTの3者による指導

JTE、ALTの役割
- ＊活動のねらいや内容、流れの協議・確認、綿密な打ち合わせ
- ＊JTE、ALTの役割分担の明確化
- ＊教材作成

活動の振り返り
HRT、JTE、ALTによる活動の評価

↓ 蓄積

各小学校
次回活動に活用

← 還元

図2

学校長様　　　　　　　　　　　　　　　　　　　平成15年9月12日
研究会員様
関係教職員様　　　　　　　　　　　　　　　京都市小学校英語活動研究会
　　　　　　　　　　　　　　　　　　　　　　　　会長　坂野 治利

小学校英語活動スキルアップ講座のご案内

　この講座を待ち望んでおられた方も多いと存じます。教育委員会と共催する5回連続の本格的な研修講座で、さらに実力アップを図ってください。

第1回　松川禮子先生（岐阜大学教授）の講義「指導計画の立て方」 10月1日

　松川先生のお話にあいまいな言葉はありません。成功は成功、失敗は失敗、と実践への評価は明確です。今後の見通しについても、可能なことは可能、不可能なことは不可能、とはっきり述べられます。先生の講義を受けたあとの爽快感は、そんなところから来るのかもしれません。

第2回　ユウコ先生のワークショップ「英語、喝！動！」 10月15日

　おなじみ直山木綿子指導主事の新作ワークショップです。今回はチャンツ、ゲーム、タスクを実際に体験していただきます。直山先生は「私自身も初心に還って、小学校英語の楽しさを伝えていきたいと思っています」と抱負を述べておられます。一周年を迎える小英研に「喝！」を入れてくださるとか…。

第3回　斎藤栄二先生（関西大学教授）の講義「指導法の基礎・基本」 10月29日

　英語教育に携わる者で先生のお名前をご存知ない方は稀でしょう。ところが残念なことに、私たち小学校教員は、英語教育についての素養があまりないのが実情です。指導法研究の第一人者ともいうべき斎藤先生から、指導者自身の英語力をいかに高めるかも含めて、指導法の基礎から解りやすく教えていただきます。

第4回　受講者がつくる「指導案と教材」 11月19日

　小学校英語活動の醍醐味はなんと言っても、タスクを作り出すことです。「試案」には定番となった「この動物なあに？」や「どんな顔」がありますが、タスクの可能性は無限です。受講者はグループに分かれて、指導案と教材を作成します。研修指導員の先生が一緒に作ってくださいますので、しり込みせずに、ご参加ください。

第5回　グループで発表する「実践報告」 11月26日

　最終回は受講者がグループごとに活動例を発表します。まだ2ヶ月ありますの

で、今から準備しておいてください。1グループの持ち時間は30分程度で、自作教材の持ち込み可、パワーポイントでのプレゼンもOKです。グループで作り上げた活動を互いに紹介し、連続講座の成果を仲間で確かめ合いたいと思います。

参加申込書は、総合教育センター研修課から後日送られてきます。

3. 大学による研修

一方、国公立・私立のいろいろな大学が主催する夏季休暇中や土日を利用しての研修講座も開かれるようになってきました。国立大学の中では鳴門教育大学が、1998（平成10）年の夏より毎年「小学校英語教育」を主題にして公開講座を実施しています。4回目にあたる2001（平成13）年度の公開講座は以下のような内容で行われました（有料、講師の職名は当時のもの）。

表2

平成13年度鳴門教育大学総合学習開発講座・英語講座担当公開講座
『小学校英語教育——新しい教科の形を求めて——』

日程：2001年8月17日～19日（3日間）延12時間
対象及び募集人員：小・中学校教員及び小学校英語教育に関心のある方
　　　　　　　　定員　20名
講座の内容：

回	講義等の内容	担当講師
1	第1期FLES運動の教訓に学ぶ	英語講座教授　　伊東　治己
2	小学校英語学習の2つの「教科性」 ——日本と韓国の実践から——	総合学習開発講座助教授 　　　　　　　　木村　裕三
3	総合学習ワークショップ ——NHK教育テレビ『えいごリアン』を活用した総合的な学習——	英語講座教授　　向井　清 NHK Educational 教育語学部　　　田村　嘉宏 鳴門大津西小学校 　　　　　　　　吉山　京子
4	小学校英語教育ワークショップ ——教科としての小学校英語教育——	英語講座助教授　今井　裕之 徳島文理小学校　樫原　佐和子

5	小学校英語学習の評価観 ——パフォーマンス評価と ポートフォリオ評価の理論と 実践——	総合学習開発講座助教授 　　　　　　　木村　裕三 学校教育実践センター講師 　　　　　　　西岡　加名恵
6	参加者全員による討論会	英語講座助教授　今井　裕之

　筆者が勤務する岐阜大学では、学内共同教育研究施設である生涯学習教育研究センター（2003（平成15）年4月からは、総合情報メディアセンターに改組）の主催する小学校教員向けの「生涯学習セミナー」として、2000（平成12）年度から講座を開いています（無料、講師の職名は当時のもの）。

表3

岐阜大学生涯学習教育研究センター「生涯学習セミナー」

小学校英語活動のための教員研修シリーズ（1）　2001年3月28日（水）
　講義1「小学校英語活動の実際と課題」
　　　講師：大阪府河内長野市立天野小学校教諭　　梅本　多
　講義2「小学校英語活動の指導技術と教材」
　　　講師：大阪府河内長野市立天野小学校講師　　Peter Ferguson

小学校英語活動のための教員研修シリーズ（2）　2001年10月4日（木）
　「『総合的な学習の時間』における英語活動展開のヒント
　　　——テレビ会議での交流を通して——」
　　　　　講師：大阪府河内長野市立天野小学校教諭　　梅本　多
　　　　　　　　金沢市立南小立野小学校教諭　　　　　今井　京

小学校英語活動のための教員研修シリーズ（3）　2002年3月2日（土）
　講義1「『えいごリアン』を利用した英語活動の実際」
　　　講師：佐賀県伊万里市立滝野小学校教諭　　宗　誠
　講義2「小学校英語活動のカリキュラム構成の実際」
　　　講師：京都市立永松記念教育センター研究員　　直山　木綿子

小学校英語活動のための教員研修シリーズ（4）　2003年3月15日（土）
　「岐阜県の小学校英語活動の現状と課題」
　　　　　講師：岐阜大学教育学部附属小学校　　北岡　順子
　　　　　　　　大垣市立中川小学校　　　　　　加藤　恵
　　　　　　　　　　　　　　　　　　　　　　　久保田　ひろみ
　　　　　　　　　　　　　　　　　　　　　　　河合　優佳
　　　　　　　　穂積町立生津小学校　　　　　　福井　美子
　　　　　　　　各務原市立緑苑小学校　　　　　河合　洋尚
　　　　　　　　　　　　稲羽西小学校　　　　　浦島　恵子

美濃加茂市立下米田小学校	渡辺　裕子 苅谷　節子

　また、文部科学省生涯学習政策局の事業のひとつであるエル・ネット（el-Net（education-learning Network: 教育情報通信衛星ネットワーク））「オープンカレッジ」は、衛星回線を使った大学公開講座で、国公立・私立大学がそれぞれ講座を提供し、受信設備のある全国の公民館、社会教育施設などで受講できるものですが、2000（平成12）年度に岐阜大学からは「児童英語教育への誘い」と題して、以下の内容の講座を提供しました。

表4

```
「児童英語教育への誘い」
    第1回　2000年12月 5日「児童英語教育の意義と役割」
    第2回　2000年12月12日「児童英語教育の方法」
    第3回　2000年12月19日「小学校における実践」
    第4回　2000年12月26日「児童英語教育の課題と展望」
        講師：松川禮子（岐阜大学生涯学習教育研究センター長）
              北岡順子（岐阜大学教育学部附属小学校教諭）
```

　また、私立大学では津田塾大学、京都ノートルダム女子大学、中部学院大学（岐阜県関市）など多くが講座を開設しています。

　自治体が大学に教員研修を委託した例としては、岡山県教育委員会が2003（平成15）年8月に山陽学園大学に委託して行った小学校英会話活動研修があります。受講対象者は、公立小学校教諭のうち原則として総合的な学習の時間担当者で、3年間のうちに県下の全小学校（中核都市を除く）から各学校1名の参加が予定されています。平成15年度の場合は、約100名の受講者が2グループに分かれ、5日間の間に、小学校英会話活動に関する理論的な講義、英会話活動体験、発音演習、英会話演習、実践事例紹介、ワークショップ（小グループでの授業計画立案・模擬授業）などを受講しました。

第3章 小学校英語教員養成のための カリキュラム試案

　公立小学校への英語教育導入が検討され始めて以来、「誰が教えるのか」は、常に大きな問題とされてきました。筆者はかつて拙著（1997）の中で、教員の資質をことさら重視する論調に反対を唱えました。研究開発学校で担任が中学校では見られない「英語活動」を創造している現実を見ずに、「英語の免許も持たない小学校教師に英語が教えられるのか？」といった意見が正論であるかのように扱われるのは承服しがたかったからです。

　しかし、新学習指導要領の完全実施が始まった今、状況はかなり変化しています。「総合的な学習の時間」の学習活動の一部に、国際理解に関する学習の一環としての外国語会話を取り入れる学校の割合は、各種調査でも50％を超える勢いです。多くの小学校教員は特別の研修や、教育を受ける機会を持たないまま、この新しい教育活動に携わろうとしています。一方で、ALTや地域の外国人に頼る姿も見えます。また中学校の英語教員を配置換えしようとする動きも目立ってきました。

　外国人指導者を配置するだけでいいのか。中学校英語の免許を持っていれば十分なのか。真に小学校段階にふさわしい英語活動が展開されるために、指導者に必要とされる資質や能力はどのようなものであるのでしょうか。ここでは、そのような指導者を養成し、研修するカリキュラムについて考えてみたいと思います。その前提として、現行の小学校教員養成のシステムについて述べ、次にすでに正課として小学校で英語教育を始めている韓国・台湾の教員養成・研修を参考にし、最後に試案を提示しようと思います。

1. 大学における小学校教員養成の現状

　大学における教員養成システムとしては、小学校に英語という教科がまだない以上、教員養成課程に小学校英語教員養成の正規のカリキュラムはありません。現在国公立、私立大学とも、一部の大学で、単発的にいくつかの関連する授業が開講されているにすぎないのです。しかしすでにある他教科の

小学校教員養成カリキュラムの例を参考にすることはできます。

築道（2000）が指摘するように、9教科についてその指導法と内容を広く浅く学び、9教科のいずれか1教科に関して、さらに少し多めに学ぶというのが、現在の制度の特徴です。教育職員免許法によれば、小学校の教員免許取得に必要な単位は表5のようになっています。

表5

区分	小学校		
	専修	1種	2種
教科に関する科目	8	8	4
教職に関する科目	41	41	31
教科又は教職に関する科目	34	10	2
合計	83	59	37

最も一般的な小学校1種免許状の場合、国語、算数など各教科の専門的な知識を学ぶのは、「教科に関する科目」8単位です。「教科又は教職に関する科目」の割り振りは各大学で決められることになっているので、この10単位分を仮にすべて「教科に関する科目」に振り向ければ、18単位になり、9教科均等に割りつければ、2単位ずつになります。教員養成系大学で小学校教員免許を取得する学生は、上記の単位のほかに、教養科目と自分の所属する講座（国語教育、理科教育講座など）の専門科目の単位をとって、卒業要件を満たすことになっています。

仮に小学校で「英語」が教科化された場合、英語教育を専攻する学生に「専門科目」として何が提供されるかは、現状から充分予想できます。ほとんどの教員養成学部・大学の英語教育講座の教官構成は、中学校、高等学校の教員免許の要件に関連して、「英語学」「英米文学」「英語科教育」の3つの枠組みから成っているからです。中学校、高等学校の「英語」の免許取得に必要な専門科目の構成が、この3つでいいのかということも大いに疑問ですが、とにかく、このような教員養成大学、学部の現状から、小学校教員養成を担うことになった場合の対応については、課題が多いと考えます。

2. 韓国・台湾における小学校英語教員養成・研修

さて、すでに教科として、小学校に英語教育を導入したお隣の韓国・台湾

の教員養成・研修について最近いろいろ紹介されています。そこからどのような示唆が得られるか、見ておくことにします。

韓国の教員養成カリキュラム

Lee（2000）による韓国国立Jeonju（全州）教育大学の小学校教員養成カリキュラムは以下のようです（表6）。

表6

	合計	一般教養課程	専門教育課程			実習	卒論
			教育学	教科教育及びクラブ活動	専攻科目		
単位数	151	41	20	65	21	4	P/F

このうち、英語科専攻学生の専攻科目21単位の内訳は、以下のようになっています。

```
発音              3単位 （2年次）
教室英語          3単位 （2年次）
英文法・作文      3単位 （3年次）
英米文化理解      2単位 （4年次）
英会話（中級）    2単位 （4年次）
英米児童文学      2単位 （4年次）
英語教育演習      3単位 （4年次）
英会話（上級）    3単位 （4年次）
```

木村（2001）が報告している韓国の国立仁川（Incheon）教育大学のカリキュラムもほぼ同様ですが、専攻科目21単位の内容は以下のようです。

```
実用英語会話I         3単位 （2年次）
初等英語教育論        3単位 （2年次）
英語聴解・発音指導法  3単位 （3年次）
実用英会話II          3単位 （3年次）
英語発音指導法        3単位 （4年次）
英語学概論            3単位 （4年次）
英語読解・作文指導法  3単位 （4年次）
```

全体のカリキュラム構成は、教養科目と専門科目のバランスや専攻科目の単位数などの点で、日本の制度とよく似ていると言えます。全教科について

広く浅く勉強し、そのうち1教科についてやや詳しく学ぶ体制と考えられます。専攻科目の21単位の内訳についても、2大学間で英会話や発音、英語教育関連の講義が共通で、それ以外は担当教員の構成による違いと思われます。日本で大学の英語の教員が担当する場合も同様のことが予想され、教員養成カリキュラムはこれとかなり似たものになるかもしれません。

台湾の教員研修カリキュラム

台湾では2001（平成13）年から5年生を開始学年として、小学校に英語教育を導入しました。これに伴い相川（2000）が報告しているように、導入期の特別措置として、英語能力の優れた教員を確保するために、英語能力検定試験と合格者に対する大規模な研修を行いました。1999年に行われたこの試験の志願者は約5万人で、最終合格者は3,536人であったということです。研修は、英語技能に関する訓練（240時間）と小学校での英語指導に関する訓練（120時間）で、その内容は表7のようになっています。

表7　研修カリキュラム

英語技能の訓練	授業時間	英語指導の訓練	授業時間
発音演習Ⅰ&Ⅱ	24×2	小学英語教材研究法	28
文法演習Ⅰ&Ⅱ	24×2	英語指導の観察と実習	24
会話演習Ⅰ&Ⅱ	24×2	児童の外国語習得	16
リスニング・スピーキングⅠ&Ⅱ	24×2	発音指導法	16
リーディング・ライティングⅠ&Ⅱ	24×2	指導活動計画作成	16
		英語言語評価	14
		歌とリズムの指導	6
合計	120×2	合計	120

英語運用力を最重視し、なお英語指導力と教員資格の両方2要求し、現職教員にも検定試験を課し、また一般試験合格者にも教職単位の取得を義務づけている点が特徴であると言えます。

大学における正規の教員養成カリキュラムを整備しつつある韓国と、指導者養成に、現職教員・一般人両方を対象に検定試験と大規模な研修を実施した台湾、その方針や内容には疑問もあるが、指導者養成にあまりにも無自覚

なわが国の実情からすれば、学ぶべき点は多いと考えます。

3. 小学校で英語を指導するために

では、どういう指導者養成カリキュラムが必要か。それを提案する前に、小学校で英語を指導するためにはどういう資質、能力が必要かを考えてみたいと思います。ここでは「総合的な学習の時間」に行われる「英語活動」か、教科としての「英語科」か、どちらの指導者なのかについて深入りするつもりはありません。どちらであろうとも、小学校で英語を教える目的は、英語という外国語を通して、子どもの社会共生能力と、自己実現能力の育成へ寄与することだというのが、筆者の基本的な考えです。

さて、ここにアメリカの例があります。Dahlberg (1998) では、ノースカロライナの小学校外国語教師に求められる能力ガイドラインを以下の14項目にわたり列挙しています。

1. 子どもの第二言語習得と、母語発達との関係についての理解
2. 小学校での外国語教育に適した教授法の知識
3. 小学校での外国語教育に適した教材（教授リソース）の知識
4. 小学校での外国語教育のための適切な評価法の知識
5. 第一言語においても同様の技能を身につけている学習者の読むことと書くことの技能を伸ばすことのできる能力
6. 子どもの発達上の必要性や興味に合った目標、文化の諸相（児童学も含む）を教えることのできる能力
7. K to 12（日本の幼稚園から高校段階までに相当）の外国語カリキュラム及び小学校教育カリキュラムや内容領域間の関係についての知識と、外国語を通して、また外国語によって小学校教育のカリキュラムを教え、統合し、強化することのできる能力
8. 小学校の方針と実践、効果的な学級経営の方法についての知識と、その知識を適用して外国語学習に適した精神的、物的環境を創造できる能力
9. 外国語の能力
10. 子どもの発達についての知識
11. アメリカにおける外国語教育の歴史及び、小学校での様々なプログラム・モデルの原理についての知識
12. 個人的ならびに職業上の成長に対する必要性の認識
13. 外国語教師間、他のクラスの教師、カウンセラー、学校管理者、大学、地域の人々などとの協力の必要性についての理解
14. プログラムを宣伝する技法についての認識

ここに列挙された項目を見ると、外国語の知識と運用能力、外国語指導法の知識という狭い範囲に止まらないことがわかります。特に7、8、13などは、「総合的な学習の時間」という、日本における小学校英語の現状での位置づけを考えても重要と思われます。

本章では、小学校で英語を教えるための資質と能力をより広範囲にとらえたいと思います。

4. カリキュラム・デザイナーとしての教師像

これまで教師の機能は、「提示」「経営」「評価」という3点で語られることが多かったと言えます。「提示」とは教材の提示・説明、英語で言えば、発音やスキットのモデルを示す、oral introduction をすることなどを指します。「経営」とは、教室活動の組織、運び方であり、「評価」は誤りへの対応など、子どもの反応に対する判断と応答です。これまで中学校や高等学校、あるいは児童英語の分野でも、教師の資質、能力は上記3点の機能をいかによく果たせるかで論じられてきました。これらはいずれも、教室での授業に直接関わる機能であり、「授業のうまい先生」とは通常、この3機能に優れているという評価を示しています。

しかし、「総合的な学習の時間」に代表されるように、既存のカリキュラムや教科書がない学習領域では、新たにカリキュラムをつくり、またそれに応じた教材を開発することが、教師の果たすべき重要な機能になります。カリキュラム・デザインとは単に時間割をつくることではなく、人的配置から教育リソースの活用、教室活動の組織も含む総合的作業と言えます。特にこれから始まる国際理解に関する学習の一環としての英語活動では、地域の協力者の確保やその対応、他教科の内容や修学旅行や国際交流活動など課外活動とのカリキュラムの関連づけ、異文化教材の調査や開発など、授業以前の調整力、企画力、情報収集能力が必要とされます。

5. カリキュラムの構成及び試案

以上の考えをもとに、小学校で英語を指導するために必要と考えられる資質・能力を以下の3分野から設定してみました。

(1) 専門基礎技能としての英語運用力

英語のモデル提示という機能だけに関してなら、外国語指導助手や各種メディアによる代替も可能ですが、子どもにとってのコミュニケーション・モデルを提示したり、ALTとのTTなどの経営や評価の機能、カリキュラム・デザインのための情報収集など、教室内外である程度自信を持って対処できる英語運用力は必要になります。

(2) 英語教育・国際理解教育に関連する諸科学についての知識及び技能

関連諸科学の原理、理論及び応用技術はカリキュラムの一つの柱であると言えます。子どもの言語発達や外国語習得に関する知見、外国語教育の諸理論や指導技術、国際理解教育や異文化間コミュニケーションの理論が主たる構成要素になります。

(3) カリキュラム・デザイン能力

教師の仕事は子どもと生きた関係を取り結び、個性的で複雑な文脈で複合的な問題解決を行う実践の領域だと言えます。どんな優れた授業もカリキュラムも絶えざる改変を余儀なくされるものです。カリキュラムをつくり、活動を組織する仕事は、上記2つの能力を基礎としながらも、試行錯誤の繰り返しを実践からの理論化に止揚する力量を要求してきます。その専門的力量は佐藤（1997）が言うように、経験の反省や「省察（reflection）」を基礎として専門的成長を可能にする実践的見識として規定されるものでもあります。

小学校の英語活動にあっては、この第3の力量を重視したいと考えます。カリキュラムとしては、カリキュラム・デザインの理論・技術のみならず、諸科学の総合を通して具体的問題を解決するアクション・リサーチや事例研究などをも重要な構成要素とします。

表8

主な分野	目的	内容例
専門基礎技能（英語）	英語運用力の養成	4技能 英会話 発音 英文法
関連諸科学に関する	言語習得に関する基	言語心理学

知識・技能（外国語教育・国際理解教育）	礎的知識の習得	第二言語習得論 子どもの言語発達 児童の外国語習得
	外国語教育についての基礎的知識・技能の習得	外国語教育目的論 外国語教育内容論 外国語教授法 外国語指導技術 　歌・チャンツ 　ゲーム 　フォニックス 　ETM 　リトミック 　絵本指導法など 児童英語教材研究 メディア活用法 外国語教育評価論
	国際理解・異文化理解についての基礎的知識の習得	国際理解教育 異文化間コミュニケーション 地域研究（世界の国々と文化）
カリキュラム・デザイン	カリキュラム・デザイナーとしての総合的企画力の育成	Curriculum design Syllabus design 総合学習カリキュラム計画 カリキュラム評価
	反省的実践能力の育成	Action research Case study Micro teaching TT 実習 教材開発実習 国際交流実習

　さてここまで書いてきて、肝心の教員養成を誰が担うかということについての見通しをはっきり示せないのが本当に残念です。これまで日本の小学校教員養成を中心的に担ってきたのは、確かに国立教員養成大学・学部です。しかし、現に教員養成学部に勤務する筆者としては残念ではありますが、松川（1998a）でも書いたように、教職に関する専門家養成大学・学部の名に本当に値する充実したスタッフとカリキュラムを持っていたとは言えません。
　2001（平成13）年11月に「国立の教員養成系大学・学部の在り方に関す

る懇談会」の出した教員養成大学・学部の「再編・統合」の提案は、「1県1教員養成学部」の原則をゆるがすものでした。その後も2002（平成14）年に高等教育の構造改革を提起した「遠山プラン」、2004（平成16）年4月からの国立大学の独立行政法人化などは、国立大学教員養成学部にその機能の一層の充実強化を要求するものでした。とりわけ学校現場での学びの改革の動きに対応し得る学部や大学院の改革プランが要請されました。カリキュラムづくりの場を学校と教室に求めるSBCD（School-Based Curriculum Development: 学校に基礎を置くカリキュラム開発）の提起は、カリキュラム研究の臨床的な専門家としての教員の養成と研修の充実を基礎として初めて成り立つものと考えられるのです。筆者の勤務する大学でも2002（平成14）年春から大学院にカリキュラム開発専攻が開設されました。現在各地で進められている大学改革が少なくとも、教員養成・研修システムの本当の意味での改革に資する形で実行されてほしいものです。

　もう一つ、忘れてはならない重要なことがあります。第Ⅰ部で書いたように、中央教育審議会での「今後の教員免許制度の在り方について」の審議が終え、報告書が出されました。審議の焦点は、校種を超えた教員免許制度の総合化、弾力化と教員免許更新制の導入の可能性だということでしたが、結果としては前者のみが実行されることになりました。この結果の影響は、小学校英語の今後については、かなり大きいと思われます。免許の弾力化ということで、小学校英語教員養成が安直に行われることのないようにと望みます。

　ここでは小学校英語教員カリキュラムの理想像をスケッチしました。可能性よりもまず必要性の観点から、実際の様々な制約条件を念頭に置かず、考えたものです。

第 VI 部

小学校英語教育を展望する

　本書では公立小学校への英語教育導入をめぐって、ここ10年ほどの間に起きた様々な施策の展開、先導的な教育実践の創造をふりかえるとともに、カリキュラムづくりや教員養成への提言を述べてきました。最後に、小学校英語教育の今後を展望する上で、重要な意味を持つと思われる以下の3つのことがらについて触れておきたいと思います。

第1章
一貫性のある英語教育という考え方：小・中連携について
第2章
地域による特色ある英語教育という考え方：規制緩和の行方
第3章
外部の教育力を生かすという考え方：教育のアウトソーシング？

第1章 一貫性のある英語教育という考え方：小・中連携について

1．小学校英語活動と中学校英語教育は連携しなければいけないのか

　すでに半数以上の公立小学校が何らかの形で英語活動を始めていることが公表されてから、小・中の連携や接続ということがあちらこちらで論じられるようになっています。「『英語が使える日本人』の育成のための行動計画」は到達目標を設定し、各学校段階を通じて一貫性のある英語教育を推進しようとしています。また、第Ⅲ部でも述べたように、近年の研究開発学校は小・中連携や幼・小・中の連携を研究主題にするところが増えています。

　改めて一貫性のある英語教育の必要性が叫ばれるということは、今までいかに校種ごとの壁が大きかったかを物語るものでもあります。小・中はもちろん、中・高、高・大の間でお互いがお互いの教育内容に無知なことは驚くほどですが、悲しいかな事実です。相互に人事交流も行って、理解を深めることが学習指導の改善につながることは言うまでもありませんし、その意味で「一貫性のある英語教育」に反対する理由はありません。しかしここではあえて、現在強調されている、その「一貫性のある英語教育」という概念が、小学校での英語活動の内容と、今後の展開に与える影響について論じたいと思います。

　小学校で英語活動を経験した子どもを迎えた中学校側から、小学校で行っている英語活動の内容が学校によってまちまちで、教えにくいという意見が出されることがあります。これについて筆者は、次のような例えを挙げて反論してきました。新入生を迎えた小学校の先生方が、「幼稚園や保育園のやり方がまちまちで教えにくくて困る、統一してほしい」という苦情を言うでしょうか。答えは否だと思います。小・中の接続ということが、中学のスタート時での教えやすさという観点で語られる時、首をかしげざるを得ません。

　現在の小学校英語活動と中学校英語教育が連続するものか、否かと問われれば、答えはイエスでもあり、ノーでもあります。もちろん、小学校英語と中学校英語という別の英語が存在するわけではありませんし、英語でコミュ

ニケーションすることを重視するという意味では、共通点は多々あります。一番の違いは、そのカリキュラム上の位置づけです。カリキュラム上の位置としては、小学校の「総合的な学習の時間」で行う国際理解に関する学習の一環としての英語活動と、中学校の教科「英語」には連続性はありません。むしろ連続するのは、「総合的な学習の時間」同士かもしれません。(この点については第I部で述べた慶應義塾大学でのシンポジウムで大東文化大学の冨田祐一氏が当日配布された資料の中で触れています。)

　制度としての枠組みの違いだけを言っているのではありません。小学校英語活動は、各学校が、地域、学校、児童の実態に合わせて創意工夫してつくっていくものだからです。子どもの実態と興味・関心を見据えながら、子どもと英語の関わりを創造的に考えていける時間であり、どんな英語をどれだけ教えなければならないという制約はないのです。いろいろな言語材料を使って、多様なコミュニケーションを体験させながら(つまり、英語で用が足りるという経験をさせながら)、多様なルートで子どもの中に英語や外国の人々、暮らしについての興味・関心を育てていけばよいのです。

　中学校英語教育は、そのような多様な英語との関わりの経験を積んできた子どもを受け入れながら、確実に知識・技能を身につけさせ、さらに興味・関心をのばしていくことになります。確実に前提とすることのできる知識や技能がないという意味では、小学校時代に塾へ通っていた児童、そうでない児童が混在して入学してくるという状況と変わらないといえば、極論でしょうか。

　しかし現状では、まったく経験しなかったという子どもも含めて、小学校によって千差万別の英語活動の授業を受けてきた子どもたちを同じ中学校が受け入れることを大きな課題とする見方はかなり一般的だと思われます。そして、だから小学校の出口の学力をそろえるべきであるいう論議を聞くと、「中学校英語の前倒しであってはいけない」と耳にたこができるほど聞かされたことは、一体何だったのかと思います。

2. 小・中一貫した英語教育を構想するとすれば……

　小学校英語活動と中学校英語教育がねらっているものには、現状では違いがあります。それを本当に連続させて系統性のある一貫した教育体系を「教科」としてつくろうとする試みは、すでに述べたように、いくつかの研究開

第1章 一貫性のある英語教育という考え方：小・中連携について

発学校で進行中です。

　研究開発学校数校を実際に訪問して進捗状況を見せていただいた限りでは、小・中一貫した英語教育を構想する上で、いくつかの課題があると感じています。

　第一に、小・中連携を研究課題とする研究開発学校の場合でも、小学校のほうはこれまで独自につくり上げてきたカリキュラムがあり、それは「中学校の前倒しではない」ものであっただけに、中学校との接続を意識した構成にはなっていなかったのです。一方中学校の英語教育は、現行の教育課程において教科であるので、当然、現行の学習指導要領にもとづいているわけです。そういう異なるものにもとづく二者が接続して一貫性のある体系をつくろうとすれば、出発点として、小・中のどちらをもとにつなげていくのかの決断をしなくてはなりません。

　つまり、小・中一貫の英語教育を構想する時、大きく分けて二つの選択肢があるのです。ひとつは、小学校でこれまで行ってきた英語活動をもとにしてその実績を継承し、それに接続する形で中学校英語教育を変えていく方法です。中学校の出発点は当然変わり、中3最後の出口も変わり、現行の学習指導要領の範囲を超えることが予想されます。もうひとつは、現行の中学校の英語教育のねらいや内容をもとにして、さらに理解や習熟を深める目的で、内容の一部を小学校に降ろすという方法です。事実上、小学校に「中学校の前倒しをする」ということと同義でしょう。

　小・中一貫した英語教育を構想するには、どう考えても、このような決断をして全体的なカリキュラムの見直しをすることが必要だと思われるのですが、それはなかなか簡単なことではなさそうであり、研究開発学校でも始まったばかりと言えます。

　仮に中学校英語教育をベースにして小・中一貫の英語教育を構想するとしても、その時は、単に中学校英語教員を小学校に配置したり、現行の中学校英語教育の内容をただ降ろしてきてゆっくり教えるだけということにならないように願います。小学校に英語を導入しようとした発想の背後には、英語教育全体の構造が変わることへの漠然とした期待があったと思います。本書で繰り返し述べたように、小学校英語活動をつくっていく試みはまだ始まったばかりですが、その中に英語という教科内容を再編し構築し直す契機が見えていると思います。

　英語という教科内容があらかじめあるわけでなく、英語に触れさせること

で子どもをどう豊かにできるか、その可能性を十分考えること、子どもと英語との関わりをどうつくっていくのかという問いかけから、小学校英語活動はスタートしました。国際理解に関する学習と英語との関わりを真剣に考えた結果、「異なった文化を持つ人を思いやる心」や「対話を通して人との関係をつくり出す力」という国際理解教育の目指す学力観や基本的な視点の一部が、英語活動にも位置づけられてきました。

　また、英語の知識やスキル習得のための方法としての活動ではなく、英語を使った多様な活動や経験そのものが学習内容であるというカリキュラムづくりの考え方が出現したことも、特筆すべきことです。

　このように、小学校英語活動がつくり得た「英語を使うという楽しく、豊かな経験」をさらに発展、拡大して中・高につなげることが必要であり、そういう意味の一貫性であってほしいと思います。

第2章 地域による特色ある英語教育という考え方：規制緩和の行方

1．教育の規制緩和と「教育特区」の出現

　現在、国の進めている教育改革の基本路線は1980年代半ばの中曽根内閣の頃からすでに敷かれていて、従来の中央集権型の教育行政のもたらした画一性と硬直性を克服するものとして、各段階で国家主導から地方分権、規制緩和の方向へと動いてきています。「地域や学校の実態に応じて」という文言が各所で使われ、「特色ある学校づくり」や「多様性」がキーワードになっています。教育の主体が地方自治体や各学校であることが強調され裁量が拡大されるとともに、住民や親に対する説明責任が問われる「教育の地方分権」が進んでいます。

　小学校における英語教育についても、「地域や学校の実態に応じて」やれるところからやることが許可されているというのが、現在の状況です。第1ステージでもすでに金沢市や本書でも述べた京都市や横浜市のように、小学校での英語学習や国際理解教育に独自の方針で取り組む地域はありました。

　それが2001（平成13）年の小泉構造改革内閣の誕生以降、一段と加速されたように思われます。政府の総合規制改革会議や経済財政諮問会議は、2002（平成14）年5月から6月にかけて、規制緩和の一環として、地域を限定して規制を緩和する構造改革特区をつくる構想を発表しました。自治体や企業からの提案を受け、特定の地域に限って自発性を尊重して規制を緩やかにし、そこでの成功例を全国に波及させて経済を活性化させようというのが、そもそものねらいです。最初想定された構想にはIT産業集積特区、バイオ・ライフサイエンス特区、農企業創生特区などがありました。この構造改革特区構想のプログラムの中に、教育分野の項目も盛り込まれて発表されました。多様な教育カリキュラムを認める特区や、不登校の児童・生徒を対象にした特区、幼稚園と保育園の一体化を進める特区などです。

　同年8月第一次の提案募集が行われました。これに応じて教育分野の規制

緩和を求めて、いくつかの自治体が「教育特区」を提唱し、44件の提案が出ました。中でも群馬県太田市は、授業をすべて英語で行う小・中・高一貫校実現を目指し外国語教育特区として名乗りを挙げ注目されました。授業をすべて英語で行うというのはまさに、学校法人加藤学園（静岡県沼津市）などが始めて、注目された「イマージョン・プログラム」であり、それを市が構想するなどこれまでは、思いもよらないことでした。現に太田市は、加藤学園と提携して教科書やカリキュラムなどを参考にしたい意向だとのことです。

なぜ太田市が構想したのか、その背景は想像の域を出ませんが、太田市が全国でも有数の外国人集住地域であることも関係があると思います。2003（平成15）年1月4日付の『日本経済新聞』に掲載された清水聖義太田市長のインタビューによれば、教育分野の規制緩和についてという質問に対し、

> 地方に勝手にやらせてくれるのが一番いい。…（中略）…そうすれば英語の学校や外国人による学校もできる。ポルトガル語とバイリンガルの学校なら、市内に多数住むブラジル人を差別しない教育もできる。今の日本語だけの学校では、彼らの中にいくら優秀な子がいても東大は無理。伸びる芽を摘んでいる。地域性で自由度を高めてもらえれば、面白い学校が出てくる。

と答えています。

授業をすべて英語で行う小・中・高一貫校の構想は、太田市独自の教育施策の一部にあたります。この学校については、市の資金の他、民間資本も入れた私立学校を構想しているとのことです。日本人の先生は国語と社会を教えるほかは、コーディネーター役が中心で、他は大学で教育学や心理学を学んだ外国人を集め、クラスを持ち授業を英語でやってもらう仕組みにするといいます。英語教育改善策としての外国人教師の登用については従来のALTの配置では対費用効果が低いとして、むしろ体育や音楽、絵画などの先生に英語圏の人を呼ぶ構想が先にあったようです。外国語教育特区を考えた背景については、

> 少子化が進み、数十年後には欧米や韓国、中国、東南アジアなどから多数の外国人が入ってくるだろう。彼らとのコミュニケーションは英語になるはず。普通に英語で仕事ができる人間を育てる必要があるが、今の英語教育では無理だ。

と、市長は答えています。

その後2003（平成15）年の4月になって、構造改革特区の第一次認定分

57件が決定されました。この中には文部科学省関係のものが21件あり、太田市の構想も、太田外国語教育特区として認められました。国語などを除き65％から75％の授業を英語で行う教育課程を特色とした私立（市と民間が学校法人を設立予定）の小・中・高校「太田国際アカデミー」（仮称）の新設が主な事業内容です。2005（平成17）年4月に小学校、2008（平成20）年に中学校の開校が計画されています。

　これに先立ち、入学前に英語に慣れてもらうためのプレスクールを2004（平成16）年度に開校する準備が進行中で、2003（平成15）年7月にプレスクールの入学申込みを行ったところ、多数の申込みがあったと報道されています。

2．構造改革特別区域研究開発学校設置事業

　すでに第Ⅲ部で述べた現行の研究開発学校とは別に、構造改革特別区域研究開発学校というものが2003（平成15）年4月から新たに制度化されました。文部科学省のホームページに載っている中央教育審議会初等中等教育分科会・第7回（平成14年12月16日開催）の議事要旨には、構造改革特別区域法案の概要などの資料が掲載されています。以下は、構造改革特別区域研究開発学校について触れた「構造改革特区における文部科学省関係の特例措置（概要）」の抜粋です。

表1　構造改革特区における文部科学省関係の特例措置（概要）

> **教育関連**
> （1）　**地域の特性とニーズに応じたバラエティに富んだ教育をその地域の学校でできるようにするために、市町村が自らの判断で社会人などを教員に採用することや、数学や理科などの授業を英語で実施すること、小中高一貫教育など多様な教育カリキュラムを認める特区**
> （特例措置）
> ○ 従来の研究開発学校制度の下では原則として3年に限られていた学習指導要領によらない多様なカリキュラム編成の取組期間を3年に関わらず、地方公共団体の実情に応じて取り決めるなど、柔軟に対応する「構造改革特区研究開発学校制度（仮称）」を創設する。（研究開発学校制度の特例）

　構造改革特別区域研究開発学校設置事業の概要は、以下のとおりです。

- 地方公共団体が、構造改革特別区域において、憲法、教育基本法上の理念や学校教育法に示されている学校教育の目標を踏まえつつ、教育課程の基準によらない教育課程の編成・実施しようとする場合に、これを可能とするために、告示を改正し、現行の研究開発学校制度とは別に制度化した。
- 取組の期間に関しては、現行の研究開発学校制度においては原則3年間としているところ、新たな事業においては、一律には定めず、地方公共団体が「当該計画を実施するに当たって適切な期間」を主体的に設定することとしている。
- 取組に要する経費等については、現行の研究開発学校制度においては文部科学省から支出するところとしているところ、本事業においては、構造改革特別区域制度の趣旨に鑑み支出しないこととしている。

（文部科学省初等中等教育局教育課程課「研究開発学校関係資料」（平成15年6月）より）

すでに第I部で示したように、この制度のもとに現在認可を受けている「特区」や申請中のものの中に、小学校英語教育関係の提案が目立っています。しかし、現行制度の枠を越えて、本当に先進的な試みに取り組もうという、地方の意気込みがほとばしるようなものはあまり見られません。週1時間英語の時間を設けるなど、現行の教育課程の範囲内でも「総合的な学習の時間」の枠で十分実行可能ではないかと思われるものも少なくありません。地域で英語活動を一斉に行うための予算獲得策にすぎないのではとも思えるのです。

3. 岐阜発「英語でふるさと自慢」特区の場合

2004（平成16）年2月16日に放映された、NHK総合テレビの『英語でしゃべらナイト』に岐阜市長・細江茂光氏が出演しました。細江市長は元商社マン。この番組では市長自ら鵜飼をはじめ岐阜市のPRを英語で披露するとともに、岐阜市が岐阜発『英語でふるさと自慢』特区に認定されたことも示されました。

岐阜市は人口40万人を超える中核都市で、市内には49の公立小学校があります。「長良川の鵜飼」を観光資源のひとつとし、世界遺産の白川郷、高山市などへの表玄関でもあり、国際会議観光都市として認定も受けています。2003（平成15）年1月現在、およそ8,200人の外国人が居住しており、小・中学校においても外国籍の児童・生徒数は年々増加しています。

小学校での英語教育に関しては、1998（平成10）年度から国際理解教育の一環として英語に慣れ親しむことを目標とした学習が始まり、現在では市内

第2章 地域による特色ある英語教育という考え方：規制緩和の行方

の全小学校で「英語活動」が行われています。この間、小学校教員の海外語学研修への補助も行われ、特にイングリッシュ・フレンド（EF）と呼ばれる、市内及び近郊に在住する、英語が堪能な外国人を助手として派遣するシステムが重要な支援策となってきました。

しかしながら多くの都市部の小学校に共通する問題として、教員の平均年齢がかなり高いこと、新卒者の採用が極端に少なく、教員の流動性に欠けることから、「英語活動」などの新しい教育内容への積極的な取り組みが希薄なことが指摘されていました。

今回の特区計画は、これまでの英語活動の実績を生かしながらも、小学校第3学年から第6学年に教科として「英語科」を位置づけ、中学校の英語教育との連携を図り、小・中一貫の英語教育を実施しようとするものです。義務教育を終えた誰もが、英語による実践的コミュニケーション能力の基礎を身につけ、自分の考えを英語で述べたり、身の回りのことやふるさと「岐阜市」のことを英語で紹介できたりすることを目指し、表題のような特区名称になっています。

具体的には「総合的な学習の時間」の授業時数を35時間減らし、該当学年の英語科の時間に充てます。実施にあたっては、市内を5ブロックに分け、2004（平成16）年度は各ブロックに1つの推進校を設置し、そこを中心に事業を推進したりブロック間交流を進めることが計画されています。2005（平成17）年には26校に広げ、2006（平成18）年度には市内全域での実施を目指しています。特区計画の関連事業も含めた工程表は次ページの表2のとおりです。

表 2 構造改革特別区域計画の工程表

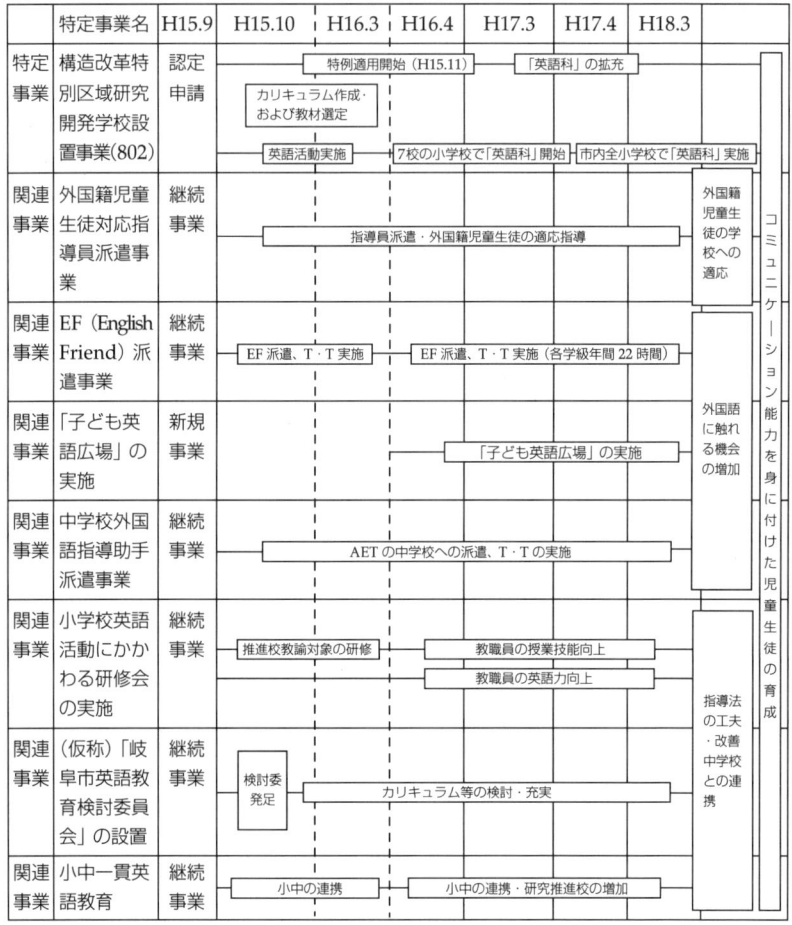

第3章

外部の教育力を生かすという考え方：教育のアウトソーシング？

1. 地域の人々、企業、NPOとの協働

　すでに松川 (1997) で、小学校への英語導入のみならず公教育全般の自由化、多様化が進みつつあることを指摘しました。一連の教育改革の中で、従来の中央集権型の教育行政のもたらした画一性と硬直性を克服するものとして、地方分権、規制緩和をキーワードとした「教育の自由化、民営化」へと方向転換がなされようとしているのは疑いのないところでしょう。

　教員免許を持たない人が教壇に立つ「特別非常勤講師制度」も全教科で活用できるようになっています。また、「総合的な学習の時間」の導入により、いろいろな学習の場面で地域の人材を活用することが多くの学校であたり前のように行われるようになっています。小学校英語活動では、JETプログラムによる ALT 以外に、地域在住の外国人や、日本人で海外生活の経験のある民間人などが補助スタッフとして参加している例は珍しくありません。学校によっては、民間の英会話学校の講師や人材派遣会社から ALT を派遣してもらっているところもあります。市町村が新聞等に小学校英語活動のALT を募集する広告を出すケースも見られます。

　学校が正規の教員だけで支えられていた時代は急速に変わろうとしています。学校が「総合的な学習の時間」、情報教育、英語活動などの新しい教育内容に対処するだけでなく、不登校や心の問題を抱えた子どもへの対応など様々な教育課題に、学校以外の家庭や地域の人たち、企業、NPO（特定非営利活動法人）などと協働で責任分担しなければやっていけない時代にもなっています。文部科学省自体が、外部の教育力をより学校に生かしていくために、「NPO等と学校教育との連携の在り方についての実践研究事業」を2003（平成15）年度からモデル地域を指定して立ち上げようとしています。これは、「総合的な学習の時間」等で想定される様々な学習テーマについて専門的な知識・技能・経験を持っている保護者や地域の人々、企業、NPO など外

部の人材に協力を要請しようとするものです。

　例えば、第I部で紹介したNPO教育支援協会は、子ども英会話活動としての「ハローキッズ」以外にも、「おもしろサイエンス」(科学実験活動)、「ネイチャーキッズ」(自然体験活動)、「ITキッズ・IT講習」(情報技術習得活動)、「素読暗唱活動」(読書推進活動) などのプログラムを提供しています。

　この他、小学校英語活動と関連のあるものとして2003(平成15)年に設立されたNPO「小学校英語指導者認定協議会(J-SHINE)」があります。これは、小学校英語教育のために民間の「良質な指導者」を育成・認定し、教育現場に「安定供給する」体制をつくることをねらいとした団体です。これと同様の団体はすでに長野県でもNPO(特定非営利活動法人)「長野県小学生英語指導力検定協議会」がスタートしています。構想されているシステムが実際に機能するかどうかはまだわかりませんが、このような民間の教育関係者から成る団体が文部科学省や教育委員会などと提携しようと設立されたということは、特記に値することでしょう。

2. 教材、カリキュラムの民間委託

　一方、ALTなどの人材派遣をECCやNOVAなどの語学学校に民間委託するというだけではなく、小学校英語教材やカリキュラムのアウトソーシングも静かに進みつつあります。

　全国一律一斉ではなく構造改革特区に見られるように、地方が民間との協働や民間委託によって独自に地方のための教育施策を実行しようとし始めている中で、小学校英語に関しても、地域で一斉に足並みをそろえて時間を設定したり教科化しようとする場合、検定教科書がないだけに、教材の一部に市販のものを使用することも行われています。さらに共通のカリキュラムや教材を教育委員会等がつくる代わりに、民間に委託するケースも見受けられます。

　これまで研究開発学校では手づくりの教材が開発されることが多く、市販のコースブックなどが、教科書代わりに子ども一人ひとりに配布されて実際に使用されることはほとんどありませんでしたが、特区などでは教科書タイプの地域独自教材の使用が志向され、民間に開発が委託されるケースが出てきています。なぜか地方自治体の首長は「地方版教科書」を好むようで、中学校の英語教科書で実績のある出版社が受託して作成しています。

第3章 外部の教育力を生かすという考え方：教育のアウトソーシング？

　その他、こんな例もあります。2002（平成14）年7月に発足した地方分権研究会（教育WG（working group）主査：金子郁容慶應義塾大学教授）は宮城県、福岡県、鳥取県、岐阜県、和歌山県、佐賀県、岩手県、神奈川県の知事、学界、経済界関係者などをメンバーとして、地方の、民間との協働による構造改革の実行を目指して設立されたものですが、教育分野のプロジェクトのひとつにビデオやCD-ROM教材をベネッセコーポレーションと共同開発して小学校英語教育を実施することが挙がっていて、注目されます。

　外部の教育力を生かし、地域の人々、企業、NPOと協働したり、教材、カリキュラムを民間委託することの一般的な是非をここで論ずるつもりはありません。問題は、そういうことが小学校教師あるいは小学校の自覚的な選択で行われているのかどうかです。自覚的なアウトソーシングなのか、なし崩し的なアウトソーシングなのかということが問題です。与えられるカリキュラムや教科書がないから、アウトソーシングするという発想は、いったん教科化されて教科書ができれば、教科書のカリキュラムに添って、それを教えるというこれまでどおりのスタイルに戻る可能性も大だと言えるかもしれません。教材やカリキュラムの民間委託ということの中に、検定教科書を使って教えるというこれまでの英語教育を超えた新しいカリキュラム観や教材観があるのかどうかを問う必要があると思います。

　学校という限られた人材と資源の範囲で扱いきれない教育課題が増えていることは事実だと思いますし、小学校での英語活動も現実問題としてそうした課題のひとつとしてとらえられているのかもしれません。しかし、それならなおさら、公立小学校に英語を導入することの意味をもう一度深く考える必要があるでしょう。子どもにとって、小学校教師にとって、小学校にとって英語がどういう意味を持つのか、どういう意味を持つものにしたいのかと。

エピローグ

見失ってはいけない
「本当に大事なこと」

　本書執筆も最終段階にきた2004（平成16）年2月19日、『朝日新聞』朝刊（名古屋版）一面のトップに「小学校で英語　本格検討──中教審に専門組織」という見出しが踊りました。リードには、

> 文部科学省は、小学校で英語を教科として教えることを本格的に検討する方針を固めた。実現に強い意向を示している河村文科相の指示を受け、来月にも諮問機関である中央教育審議会に専門家によるグループを設けて議論を始める。

とあります。ここ数年言われ続けてきた次のステージが近づいているのかもしれません。
　いずれにせよ、本書で見てきたように、小学校への英語教育導入の現段階は新しい教育内容に対する可能性への希望とともに、いまだに霧の中を進んでいるような視界の悪さも感じさせます。
　英語教育に対する施策の背後にある教育政策の全般的な流れを見ると、規制緩和の方向に進んでいるのは疑いのないところです。文部科学省自体が様々な弾力化・自由化策を出して教育改革を進めていることも事実だと考えます。国から地方へ、また官から民へという方向で「教育の地方分権」や「自由化」が進んでいくように見えます。特区のような動きは全国的に見ればまだまだ一部にすぎませんが、教育改革が「画一化」から「差異化」へと大きくハンドルを切りつつあることは確かです。地方自治体の個性に応じた教育施策が行われるということ自体は、望ましいことです。市民が本当に望む教育を自治体が責任を持って行うということも、本来の「公立学校」のあるべき姿でしょう。
　しかし、ただ、教育は長期にわたる見通しのもとに行わなくてはならないものです。現在、地方においても財政状態が苦しい中での、「地方分権」とい

う動きは、本当に可能なのか。独自の施策を責任を持って長期にわたり続けていく財政基盤は大丈夫なのか。また、公教育に「差異化」というより、大きな「格差」を生むのではないかという危惧もあるところです。

　小学校英語教育についても、この両方向への綱引きが続いていると言えると思います。小・中・高一貫した英語教育施策という考えが、日本の学校英語教育に関する均一な品質保証と、それに対する国レベルでの明確な責任を要請するものであるのに対して、一方では「教育の個性化」「教育の地方分権」「教育の自由化」も進むという一見矛盾した動きが出てきています。

　公立小学校というのは、基本的には日本という国家がめざすビジョンに合せて子どもを教え育むところで、その意味でナショナルな空間です。したがって、公立小学校への英語導入が教育政策上も大きな課題であって世間の注目を集め、保護者や教育関係者以外の関心をかき立てるのもいたし方ないでしょう。本当にこの10年あまりにどれだけ小学校英語をめぐる言説が展開されたかしれません。

　しかし、教育政策が変わり、たとえ英語活動が「英語科」に変わったとしても、学校のカリキュラムや教室の教育活動がただちに変わるわけではありません。様々な計画を実行に移すのは一人ひとりの教師であり、子どもが教室で実際に何を学び、どんな力を身につけていくのかが、真の課題であることだけは忘れてならないでしょう。子どもたちが、そして教師が英語を学び、教え、使う経験を通して何を獲得していくのか、そのことこそをいつも中心に置いて考えたいと思います。

　その意味から、小学校への英語教育導入の第1ステージ、第2ステージを通じ、これまでの小学校英語活動がつきつけている本質的な課題は、学校英語教育の再構築だと考えています。小学校英語活動は、英語をどのように体験するか、英語で何を表現できるか、英語とどうつき合うかには、いろいろな道があることを教えています。英語母語話者を基準として、それにいかに近づくだけが英語学習の基準ではありません。大事なのは、その言葉を自分にとって、児童・生徒にとって、どういう意味を持つものにしていきたいのかということだと思います。

　そういうことを改めて考えさせてくれたのが、これまでの小学校英語活動であり、そういう教育活動の発展の上に明日の英語教育を創っていけたらと考えるものです。

あとがき

　勤務先の元同僚で、同じく英語教育を専攻していた方が定年近くなられた頃に「なぜ英語教育を研究してこられたのですか」と尋ねたことがあります。「世界が平和になるため、戦争を起こさないため」というあまりに単純明快な答えが即座に返ってきて、思わず、その方を見直しました。

　前作『小学校に英語がやってきた！』を世に問うてから、6年半がたちました。この間に研究開発学校以外の公立小学校でも、何らかの形で英語を取り入れだした学校が全国で半数に増えました。また、小学校英語をめぐる施策にも新たな展開がありました。私個人としてもこの間に、多くの小学校の授業を見たり、多くの方と小学校英語についてお話しする機会を得ました。

　しかし、この6年半あまりの間に起こった学校英語をめぐる最も大きな状況変化は、楽観的なグローバル化に冷水をかけるような出来事が頻発したことではなかったでしょうか。

　前著を著した時、私は「国際理解教育」に重点を置いた小学校英語教育に懐疑的だったと思います。生津（なまづ）小学校の成功の原因を、国際理解教育と英語学習を早い時期に切り離したことだととらえたのも、そういう認識によるものでした。

　小学校で英語を学ぶということが、単に英会話力とか技能の問題ではなく、児童が外に向かって目を広げていくこと、異なる存在とのコミュニケーションをいかに図って共存していくかということと深く関わっているとの思いを、最近一層深くしています。世界はますます狭くなり、何万キロかなたの事件の影響がたちどころに伝播していくことを感じさせるような出来事もいろいろありました。

　また、多くの小学校の先生から最近の小学校の様子を伺う機会がありまし

た。学級崩壊などという言葉も6年前には聞かれなかったことです。変貌する子どもたちの姿と心の在り様を前にして、「小学校では英語どころではない、何もわかっていない」と怒りをぶつけられたこともあります。

　今、他人の目をいたく気にして傷つきやすいということと、他人に無関心ということが不思議に同居している現代の若者と、その予備軍である小学生を見るにつけ、人と人とが触れ合うコミュニケーションの重要性、またそこに働く「言葉」の重みを改めて感じています。

　前著は、とにかく始まったばかりの小学校での英語学習の実際を知ってほしいと書いたものです。今回は、新教育課程のもとで英語活動に取り組み、新しい教育活動を創造しようとする学校や先生方の実際のカリキュラムづくりに役立つヒントや情報を提示しようとしています。いずれ「教科化」があるとしても、本書で主張した一校一校からのカリキュラムづくりと実践が熟成し、それらが広く交流されるという土台の上になされるべきだと考えています。多くの学校で始まったばかりの英語活動において、それぞれの学校や教師が何のために、何を選び、どのように教えるのか、そしてそこで行われる学習は子どもたちにとって何の意味があるのかを、じっくり吟味することが、次のステップには欠かせないことだと思うのです。ほとんどの学校にとって、「小学校に英語がやってきた！」という状況は、始まったばかりなのです。

　最後に個人的なことを述べたいと思います。前著を出して以来、小学校英語の「推進論者」という与えられたポジションに困惑しながらも、多くの優れた小学校の先生方との出会いに研究の活力を与えられ続けてきました。特に筆者の私的な研究会であった小学校英語研究会（第三土曜の会）の主要メンバー、岐阜大学教育学部附属小学校の北岡順子先生、各務原市立稲羽西小学校の浦島恵子先生、元生津小学校JTEで現在岐阜市立藍川北中学校（藍川小学校兼務）の樋田光代先生に感謝します。NHK『えいごリアン』のモニター校である10校プロジェクトの先生方との出会いも貴重でした。また、岐阜大学大学院教育学研究科夜間遠隔コースの院生だった平松貴美子さん（エデュケーション・ネットワーク）は、小学校英語教育が外部の多くの人たちにも支えられ、広がりをもつことの可能性を教えてくれました。また、本書執筆にあたり、貴重な資料を提供いただきました京都市総合教育センター指導主事・直山木綿子先生、熊本大学教育学部附属小学校・前田康裕先生、横浜市教育委員会・長谷川裕子先生、長岡市教育委員会・吉川純子先生、各務

原市教育委員会の山本吉朗先生、岐阜市教育委員会学校指導室・折戸靖仁副主査、日本児童英語教育学会関東甲信越支部長・後藤典彦氏に厚くお礼申し上げます。最後に、遅々として筆が進まない筆者を辛抱強くお待ちいただいたアプリコット社の山口靖氏、山城顕子氏、並びに編集をお引き受けいただいた木田賀夫氏に感謝いたします。

 2004 年 早春の岐阜にて   著　者

#　初　出　一　覧

　本書の以下の章（節）は、筆者が著した下記の論稿に一部加筆、修正を施したものであることをお断りしておきます。

第 II 部　（第 4 章）「アクションプラン「『英語が使える日本人』の育成
第 4 章 1 節　のための戦略構想」と「『英語が使える日本人』の育成のための行動計画」」、（1 節）「「『英語が使える日本人』の育成のための戦略構想」の作成」(2002)「小学校への英語教育導入──第 2 ステージが始まって」『英語教育』11 月号、東京：大修館書店、pp. 26–27.

第 IV 部　（第 1 章）「カリキュラムづくりの視点 I」(2000)「英語学習プロ
第 1 章　グラム年間計画作成のポイント」和田稔（監修）『カリキュラム編成ガイド（小学校英語教育 A to Z vol. 3）』東京：開隆堂出版、pp. 39–48.

第 2 章 5 節　（第 2 章）「特色あるカリキュラムづくりに学ぶ」、（5 節）「学校放送番組『えいごリアン』のカリキュラム」(2001)「『えいごリアン』に対する学校現場の反応と活用方法（第 2 章）」2000 年度 NHK 学校放送番組部からの受託研究③報告書『「えいごリアン」の放送と Web の学習効果についての調査・研究』東京：（財）日本放送教育協会、pp. 8–25.

第 V 部　（第 3 章）「小学校英語教員養成のためのカリキュラム試案」
第 3 章 1 節　(2001)「小学校英語教員養成のためのカリキュラム試案」『英語教育』10 月増刊号、東京：大修館書店、pp. 54–58.

参 考 文 献

相川真佐夫 (2000)「台湾国民小学における『英語教育』の現状と日本への示唆——教員養成・採用に焦点をあてて」『アジア英語研究』第2号、日本「アジア英語」学会、pp. 5–17.
東 洋 (2001)『子どもの能力と教育評価（第2版）』東京：東京大学出版会.
安彦忠彦 (1996)『新学力観と基礎学力——何が問われているか』東京：明治図書.
―――（編）(1997)『新版カリキュラム研究入門』東京：勁草書房.
五十嵐二郎 (1997)「小学校・外国語指導者養成のためのカリキュラム案（第3部第4章第3節）」樋口忠彦ほか（編）『小学校からの外国語教育』東京：研究社出版、pp. 211–222.
伊藤克敏 (1999)「米国小学校における外国語教育の現状」『英語教育』10月増刊号、東京：大修館書店、pp. 70–73.
稲垣忠彦 (2000)『総合学習を創る』東京：岩波書店.
浦島恵子 (2002)「英語に親しみ、力いっぱい表現する子——各務原市の小学校英語活動を通して」第89回教科研究協議会発表資料.
大久保洋子 (1998)「横浜市『国際理解教室』の理念と実践」『JASTEC NEWS』第61・62号、日本児童英語教育学会（JASTEC）、pp. 3–5.
大城賢・金森強 (2000)「公立小学校における英語教育：いまどのような教員研修が必要か」『沖縄国際大学総合学術学会紀要』第4巻1号、pp. 15–29.
太田垣正義・竹内陽子 (1998)「小学校英語教育のカリキュラム一試案」『現代英語教育』11月号、東京：研究社出版、pp. 24–30.
大津由紀雄・鳥飼玖美子 (2002)『小学校でなぜ英語？——学校英語教育を考える』岩波ブックレット No. 562、東京：岩波書店.
岡部恒治・戸瀬信之・西村和雄（編）(1999)『分数ができない大学生』東京：東洋経済新報社.
川畑松晴 (2000)「指導者としての民間人材の活用（第12章）」中部地区英語教育学会「小学校における英語教育」研究プロジェクト（代表：松川禮子）「モノグラフ 小学校における英語教育の研究」pp. 131–140.
管正隆 (2002)「（やっぱり）どこか変だよ英語教育」『英語教育』3月号、東京：大修館書店、p. 37.

菊田怜子・牟田博光（2001）「学習環境が小学校の英会話活動に及ぼす効果──研究開発校の報告書分析」『日本児童英語教育学会（JASTEC）研究紀要』第20号、pp. 1–8.

木村裕三（2001）「韓国の初等学校における英語教育──実施5年目の現状とわが国への示唆②」『英語教育』5月号、東京：大修館書店、pp. 50–52.

久埜百合（1999）「児童英語指導者育成の試み」『日本児童英語教育学会（JASTEC）第20回全国大会・資料集』、pp. 32–35.

後藤典彦（1999）「横浜市立小学校『国際理解教室』の現在──『総合学習』への扉は開かれた」『英語教育』10月号、東京：大修館書店、pp. 26–29.

────・行廣泰三（1997）「小学校・外国語指導者の確保と研修（第3部第4章2節）」樋口忠彦ほか（編）『小学校からの外国語教育』東京：研究社出版、pp. 204–210.

────・冨田祐一（編著）（2001）『はじめてみよう！小学校・英語活動』東京：アプリコット．

酒井英樹（2002）「『長岡市の人材教育（言語系）』の理念および実践の展開」『日本児童英語教育学会（JASTEC）関東甲信越支部Newsletter』第6号 研究報告、pp. 2–3.

桜井健司・平松貴美子（2002）「地域教育力の向上を目指した英語教育の実践」日本児童英語教育学会（JASTEC）中部支部静岡研究大会実践報告発表資料．

佐藤学（1997）『教師というアポリア』東京：世織書房．

────（1999）「カリキュラム研究と教師研究」安彦忠彦（編）『新版カリキュラム研究入門』東京：勁草書房、p. 177.

────（2001）『学力を問い直す──学びのカリキュラムへ』岩波ブックレットNo. 548、東京：岩波書店．

白畑知彦（1999）「小学校への英語導入が抱える課題──現状での可能性」『英語教育』10月号、東京：大修館書店、pp. 14–16.

────（2001）「追跡：研究開発学校で英語に接した児童のその後の英語能力」『英語教育』10月増刊号、東京：大修館書店、pp. 59–63.

Dahlberg, C. A. P. (1998) "Foreign Language Teachers for Children: The Vision and the Reality." in Met, M. (ed.) *Critical Issues in Early Second Language Learning: Building for Our Children's Future*、Scott Foresman、Addison-Wesley: Illinois、pp. 279–307

高橋美由紀（2001）「アジア諸国における小学校英語教育──導入目的・教育方法・教材・教員研修の視点から」『中部地区英語教育学会紀要』30、pp. 99–106.

多和田葉子（2003）『エクソフォニー──母語の外へ出る旅──』東京：岩波書店、p. 10.

中公新書ラクレ編集部・鈴木義里（編）（2002）『論争・英語が公用語になる日』東京：中央公論社．

中部地区英語教育学会（2000）「小学校における英語教育」研究プロジェクト（代表：松川禮子）「モノグラフ 小学校における英語教育の研究」．

築道和明（2000）「教員養成の実態」『英語教育』12月号、東京：大修館書店、pp. 17-19.

冨田祐一（1998）「『早期英語教育に関するトピックの検討』と『公立小学校の英語教育の進め方』」『英語展望』No.105、(財) 英語教育協議会 (ELEC)、pp. 8-13.

直山木綿子（2001）「小学校英語カリキュラム試案の開発とその実践――系統的・計画的な英語学習を進めるために」『京都市教育委員会・京都市立永松記念教育センター平成12年度研究紀要』Vol. 1、pp. 3-48.

中山兼芳（編）（2001）『児童英語教育を学ぶ人のために』京都：世界思想社.

鳴門教育大学言語系英語教育講座（2000）「『総合的な学習の時間』における小学校英語教育の展望」平成10・11年度教育改善推進費助成研究報告書.

西尾由里（2002）「子どもの英語学習者におけるコミュニケーション能力の検証――公立小学校を対象として」『中部地区英語教育学会紀要』31、pp. 171-178

日本児童英語教育学会（JASTEC）関西支部調査研究プロジェクトチーム（2001）「『総合的な学習の時間』における英語学習に関する実態調査――近畿地区内の教育委員会を対象にした質問紙調査に基づいて」『日本児童英語教育学会（JASTEC）研究紀要』20号、pp. 47-60.

樋口忠彦ほか（編）（1997）『小学校からの外国語教育』東京：研究社.

平松貴美子（2001）「地域ですすめる子ども外国語学習の推進事業がもたらしたもの」日本児童英語教育学会（JASTEC）中部地区秋季研究大会実践報告発表資料.

船橋洋一（2000）『あえて英語公用語論』東京：文藝春秋.

松川禮子（1997）『小学校に英語がやってきた』東京：アプリコット.

―――（1998a）「小学校英語教師の養成――だれが・どのように教えるか」『英語教育』1月号、東京：大修館書店、pp. 23-25.

―――（1998b）「新しい外国語教育のパラダイム」『英語展望』No.105、(財) 英語教育協議会 (ELEC)、pp. 14-17.

―――（1999a）「小学校への英語学習導入のカリキュラム――その現状と課題」『カリキュラム研究』第8号、日本カリキュラム学会、pp. 13-32.

―――（1999b）「英語学習カリキュラムを編成する際の視点」和田稔（監修）『キーポイント早わかりガイド（小学校英語教育 A to Z vol. 1）』東京：開隆堂出版、pp. 67-71.

―――（2000a）「英語第二公用語化論と英語教育」『英語青年』9月号、東京：研究社出版、p. 26.

―――（2000b）「小学校英語教育の教科化の可能性」『英語教育』12月号、東京：大修館書店、pp. 14-16.

―――（2001a）「『えいごリアン』に対する学校現場の反応と活用方法（第2章）」2000年度NHK学校放送番組部からの受託研究③報告書『「えいごリアン」の放送とWebの学習効果についての調査・研究』東京：(財) 日本放送教育協会、pp. 8-25.

―――（2001b）「小学校英語教員養成のためのカリキュラム試案」『英語教育』10月

増刊号、東京：大修館書店、pp. 54-58.
─── (2002)「小学校への英語教育導入──第2ステージが始まって」『英語教育』11月号、東京：大修館書店、pp. 26-27.
Met, M. (ed.) (1998) *Critical Issues in Early Second Language Learning: Building for Our Children's Future*、Scott Foresman、Addison-Wesley: Illinois.
文部省（編）(1998)『小学校学習指導要領』東京：大蔵省印刷局.
─── (編) (1999)『小学校学習指導要領解説 総則編』東京：東京書籍.
─── (編) (2000)『平成12年度 我が国の文教施策──文化立国に向けて』東京：大蔵省印刷局.
文部科学省（編）(2001a)『平成13年度 我が国の文教施策──文化立国に向けて』東京：大蔵省印刷局.
─── (編) (2001b)『小学校英語活動実践の手引』東京：開隆堂出版.
吉川純子 (2001)「『長岡市の人材教育（言語系）』の理念および実践の展開」日本児童英語教育学会（JASTEC）関東甲信越支部研究大会発表資料.
Lee, I. (2000) "Teaching English to Young Learners In Korea." 全国語学教育学会（JALT）名古屋特別例会発表資料.
渡邉寛治（編著）(1999)『総合的な学習 初めての小学校英語』 東京：図書文化.
和田稔（監修）(1999)『キーポイント早わかりガイド（小学校英語教育 A to Z vol. 1)』東京：開隆堂出版.

索　引

本文より事項中心に収録。五十音順。なおページの後の‐記号は、「継続のページにも言及がある」ことを示す。

あ行

IUI (International Understanding Instructor: 横浜市)　124
アウトソーシング　38, 215, 217
アカウンタビリティ（説明責任）　112
アクション・リサーチ　200
アクティビティ　36, 115, 144
『朝日新聞』　24, 29, 31, 219
暗記　116
EAA (English Activity Assistant: 金沢市)　180
生きる力　20
移行措置（期間）　12, 23, 38
一貫性のある英語教育　39, 205
　　幼・小連携　86, 95
　　幼・小・中連携　87, 95, 205
　　幼・小・中・高・大の一貫英語教育　86
　　小・中連携　13, 95, 205, 207
　　小・中一貫の英語教育　207, 213
　　小・中・高一貫の英語教育　220
　　小・中・高一貫校　210
　　（小・）中・高・大一貫の英語教育　28
　　中学校英語との接続　207
　　縦の接続〔連結〕　14, 95
　　縦横の連携　96
　　横の接続〔連結〕　14, 95
異文化　55, 124, 130
異文化理解（教育）　98, 106, 108, 148, 172
イマージョン・プログラム　210
EF (English Friend: 岐阜市)　213

インターネット　29, 132
（指導者に求められる英語）運用力　200
（児童の）運用能力の育成　100
ALT（外国語指導助手）　4, 25, 39, 49‐, 56, 59, 61, 98‐, 113, 116, 177‐, 180, 184, 187, 194, 200, 210, 215‐
（語学学校の）ALT　179
英会話　20, 37, 54‐, 63, 124
英会話学習　26, 60, 131‐, 137‐140
英会話活動　60, 98‐, 177
英会話研修　111
英検　28, 64‐
英語科　13, 85, 213, 220
（従来の）英語学習観　109
英語学習経験児童（Ex.）　99, 206
英語学習非経験児童（Non-Ex.）　99, 206
英語学力（育成）　105, 113
「英語が使える日本人」の育成のための行動計画　68‐71, 177‐, 183, 205
　　概要図　71
　　小学校の英会話活動の支援について　68‐70
　　（英語教員の）英語力の向上　178
「英語が使える日本人」の育成のための戦略構想　23, 29, 64‐, 70
（小学校）英語（学習）活動　11‐, 45‐, 54‐, 58, 60, 98, 103, 109, 112, 116‐, 125, 131, 142, 194, 198, 213, 220
　　アンケート調査　98
英語活動プログラム　113
英語活動・英語体験の目指す方向　108

『英語教育』 60
英語教育 95, 116-
　（中・高の）英語教育 116
　英語教育全体の目標〔方向性〕 68
英語教育改革に関する懇談会 29, 64
英語教育の改革 117
英語教育協議会（ELEC） 28
英語教育研究者 116
英語教育論 45
英語圏 147-
英語教育特区 14
英語指導方法等改善の推進に関する懇談会 25-28, 39, 60, 64, 66
　メンバー一覧 25-26
　最終報告書（一部） 26-28, 66
『英語青年』 24
英語体験活動 55
英語体験プログラム 113
英語第二公用語化論（争） 23-25
英語の知識 208
『えいごリアン』 146-170
　ウェブサイトの構成 149
　カリキュラム（平成 12-13 年度） 150-153
　企画委員会メンバー一覧 147-148
　授業プラン 149
　岐阜大学公開講座での調査 163-167
英語（話者）優越主義 46
英語力 64, 99
　（英語教員の）英語力の向上 178
HRT（学級担任） 41, 45, 53, 56-, 120, 124, 177-, 184
SBCD（学校に基礎を置くカリキュラム開発） 67, 104, 110, 112, 202
NHK（日本放送協会） 42, 141, 146, 149, 170, 212
NPO（特定非営利活動法人） 37, 178, 215, 217
　教育支援協会 37, 216
　小学校英語指導者認定協議会 178, 216
　長野県小学生英語指導力検定協議会 216
　NPO 等と学校教育との連携の在り方についての実践研究事業 215
FLES（小学校外国語教育） 113
FLEX（外国語体験プログラム） 113
FLT（Foreign Language Teacher: 京都市） 142
エル・ネット（el-Net） 193
ELEC（英語教育協議会） 28
オープン・スクール制 184
oral introduction 199
音声 53, 56, 100
　音声中心（の活動） 56, 114

か 行

外国語会話 31, 50, 53-, 194
外国語（英語）学習 21-, 131
外国語教育 28, 43, 39
外国語教育特区 211
外国語指導助手（ALT） 4, 25, 39, 49-, 56, 59, 61, 98-, 113, 116, 177-, 180, 184, 187, 194, 200, 210, 215-
外国語体験プログラム（FLEX） 113
（教師の）外国語との関わり 117
外国人との共生や相互理解 172
ガイドライン 49, 53, 103
外部の教育力 215, 217
学習環境 111
学習経験（の総体） 104, 111
学習指導要領 11-, 14, 19-, 31-, 38, 55, 75, 97, 103, 105, 112, 131, 194, 207
　新学習指導要領告示まで 19-20
　新学習指導要領の告示後の展開 20-23
　学習指導要領解説 21
　（中学校）学習指導要領 66
学習集団 41
学習内容 60
　学習内容の目標レベル 113
学習年限 116
学習領域 131
学力（育成） 105, 113
学力観 208
（基礎）学力重視 22
学力低下 22, 39
学力到達目標 105
課題〔タスク〕 109, 144, 150
学級会 114
学級担任（HRT） 41, 45-, 53, 56-, 120, 124, 177-, 184
　HRTの指導案作成基本システム（長岡市） 188-189
学校裁量の時間 110

索 引

学校週5日制 11, 20, 23, 37, 103
学校に基礎を置くカリキュラム開発(SBCD) 67, 104, 110, 112, 202
学校放送番組 146-
活動 36, 57, 63, 113-, 115, 150
　活動例 63, 144
活動・体験中心の学習 113
活動・体験の分類 115
カリキュラム 12, 62, 66, 111, 117, 132, 172, 199-, 206-, 216
　英語体験のカリキュラム 159
　『えいごリアン』のカリキュラム 147-163
　学校全体のカリキュラム 111
　国際理解中心カリキュラム 114
　指導者の研修のカリキュラム 194
　先進校のカリキュラム 110
　統一カリキュラム 125
　ベスト・カリキュラム 110, 117, 172
カリキュラム開発 49, 111
カリキュラム観 104, 217
カリキュラム事例 109
カリキュラム設計 38
カリキュラムづくり 103, 109-, 112, 116, 118, 131, 140, 153, 159, 173
　カリキュラムづくりのシステム 111
　カリキュラムづくりの体制と形(NHK番組の例) 146-170
　カリキュラムづくりのプロセス 171-172
　活動・体験中心のカリキュラムづくり 114
　共通したカリキュラムづくり 124
　系統性のあるカリキュラム作成 142
　総合的な学習の時間の枠内でのカリキュラムづくり 131
　熊本大学附属小学校のカリキュラム例 137-140
　岐阜市各務原市の取り組み例 121-123
　横浜市のカリキュラム例 129-130
　横浜市の指導計画例 124-, 126-128
　熊本大学附属小学校の指導計画例 141
　京都市の指導計画例 142-145
　熊本大学附属小学校の授業展開例 131-137
カリキュラム・デザイン 117
　カリキュラム・デザイン能力 200
　カリキュラム・デザイナー 199

カリキュラムの構成・試案 199-
カリキュラムの語源 104
カリキュラムの系統性 118
カリキュラムをめぐる諸要素 171-2
聞き取り 99
帰国子女 99
規制緩和 96, 112, 209, 219
機能〔言葉の働き〕 147
基本(英語)表現 147-, 169
教育委員会 84, 118, 125, 182, 216
教育改革 104, 219
教育課程 11, 13-, 20, 40, 45, 54, 67, 75, 95, 173, 207, 211
教育課程審議会 20
教育研究革新センター(CERI) 104
教育支援協会(NPO) 37, 216
教育職員免許法 41, 195
教育センター 181
教育特区(外国語) 209-
教育評価 58
教員研修 38
　自治体での研修 120
　学校内での研修 124
　民間の英語教室に委託 124
教員研修センター 181
教員免許(状/制度) 39-, 178, 194, 202
教員養成(課程) 30, 194
(小学校)教員養成・研修のシステム 194, 202
(国立)教員養成系大学 195, 201
　再編・統合 202
　大学・学部の在り方に関する懇談会 201
教員養成の担い手 201
教科 13, 19-, 28, 49, 53, 57, 60, 62, 103, 105, 113
　教科としての英語 3, 16, 84, 95, 198, 206
　教科に関する科目 195
教科化 12-, 28, 39, 66, 70, 96, 100, 195
教科研究部会 111
(検定)教科書 14, 104, 199, 217
教材〔リソース〕 145, 199, 216
教材観 217
教師の機能 199
教授力 179
教職に関する科目 195
共通語 124

索 引

協同授業(TT)　57, 98-, 123, 177, 179, 184, 200
(英語への)興味　98, 100
　興味の喚起　109
興味・関心　55-, 105
協力者会議
　外国語教育の改善に関する調査研究協力者会議　20
　小学校英会話指導の手引等作成協力者会議　49-, 59, 62-
　小学校英会話指導の手引等作成協力者会議(メンバー一覧)　50
　小学校の英語教育に関する研究協力者会議　65-67
　緊急雇用対策　33, 180
緊急雇用地域特別基金　180
クイズ　36, 115
クラブ活動　20, 98, 120, 142
KET(Kakamigahara English Teacher: 各務原市)　119-
経験の反省　200
経済協力開発機構(OECD)　104
劇(創作劇)　114
ゲーム　36, 117
研究開発学校　3, 11-, 19, 29, 56, 59, 60, 66-, 75, 84, 86, 96-, 103, 106, 109-, 114, 118-, 131, 177, 194, 205, 207, 211, 216
　指定年度別一覧(平成4-14年度)　75-83
　「英語科」一覧(平成12年度)　84-85
　指定年度別一覧(平成13-15年度)　87-88
　研究課題の一部に英語教育を含む(平成13-15年度)　13
　指定年度別一覧(平成14-16年度)　88-90
　指定年度別一覧(平成15-17年度)　90-93
　平成15年度指定校　13
　指定年度別一覧(平成15年度延長指定校)　93-95
　「小学校英語」一覧(平成15年度)　96
　全体目標例　106-108
　構造改革特別区域研究開発学校　14-
　構造改革特別区域研究開発学校設置事業　14, 211-
　構造改革特別区域研究開発学校設置事業工程表　214
研究開発学校制度　75, 95, 97
『言語』　24

言語活動　60, 63, 115
言語材料　56, 59, 63, 104, 109, 115-, 125, 206
言語習得　55
研修　99, 178-
　小学校英語活動研修講座〔プログラム〕　59, 181-
　国による研修　181
　地方自治体による研修　120, 181
　京都市の研修例　187, 190
　長岡市の研修例　186
　民間(大学ほか)による研修　181, 191-
　鳴門教育大学公開講座の例　191
　岐阜大学の例　192-193
　自治体が大学に依頼　193
　台湾の研修例　197
　ALTへの研修　180
高英研(高等学校英語教育研究会)　142
合科的総合学習　114
構造改革　202
構造改革(教育)特区　14-, 38, 96, 209-
構造改革特別区域研究開発学校　14-
　設置事業　211-
　設置事業工程表　214
校長会　118
構文　109-
校務分掌　111
語学ラボラトリー学会(現 LET)　28
国語教育　67
国語力の増進　23, 65, 67
国際交流　120, 132
国際交流学習　96, 167
国際交流活動　55
国際語としての英語　147
国際性　124
国際理解　21, 31, 53, 106, 108, 116-, 125, 131-, 148, 167, 206, 208
国際理解「英会話学習」　133
国際理解教育　4, 19, 20, 35, 37, 39, 46, 54, 95, 103, 120, 124, 167-, 208, 212
(横浜市)国際理解教室　19, 124-131
国立教育政策研究所　97
国立大学の独立行政法人化　202
国立大学附属小学校　61, 131
子供の学び　117
言葉の働き〔機能〕　147

コミュニケーション　56, 97, 108-, 146, 154, 178, 206
　コミュニケーションへの意欲　178
コミュニケーション手段　124
コミュニケーション体験　3, 110
コミュニケーション（をする）態度　98
コミュニケーション・ツール　147
（実践的）コミュニケーション能力　54, 99, 109, 147, 166, 172, 213
コミュニケーション方略　159
コミュニケーション・モデル　200
コンピュータの活用　132

さ　行

J-SHINE（NPO小学校英語指導者認定協議会）　178, 216
JTE（日本人英語教師）　57, 177-, 184
JETプログラム（語学指導等を行う外国人青年招致事業）　39, 215
（英語を教える）資格　178
時間割　112-
授業実践　12
自己表現活動　114
自己表現力の育成　108
自治体の教員研修　120
実践研究　11, 20
実践事例　60
GDM英語教授法研究会　28
指導計画　112
　京都市の指導計画例　142-145
　熊本大学附属小学校の指導計画例　141
　横浜市の指導計画例　126-128
指導者　177-
　指導者の養成カリキュラム　194-
　指導者に求められる資質・能力　198-, 200
指導主事　187
指導事例集　49-
指導体制〔形態〕　177, 184
指導のテクニック　117
指導法　62
JASTEC（日本児童英語教育学会）　28, 59, 98, 184, 186
就学年数
　4・3・2制　95
　4・5制　95
　5・4制　95
　6・3制　95
『週間教育資料』　84
授業（形態）　56-
小英研（小学校英語活動教育研究会）　142, 187
小学校英会話学習支援　38-41, 68
小学校英語活動　46, 59, 62-, 65, 67-, 86, 99, 104-, 116-, 125, 177-, 205, 208, 216, 220
　小学校英語活動例（長岡市）　185-187
小学校英語活動研修講座〔プログラム〕　59, 181-
　第1回東京研修講座　181-182
　第2回大阪研修講座　183
『小学校英語活動実践の手引』　50, 59, 63, 103, 118, 177, 182-
　作成協力者会議　49-, 59, 62-
　委員一覧　50
　構成一覧　51-52
小学校英語教育（導入）　3, 13, 20, 67
小学校英語導入に関連する主要事項年表　16-19
小学校英語指導者認定協議会（J-SHINE）（NPO）　178, 216
小学校外国語教育（FLES）　113
小学校教育論　45
小学校教員養成カリキュラム　198
　他教科の例　195
　韓国の例　196
　台湾の例　197
省察（reflection）　200
少人数指導　179
　多人数指導　179
情報　140
情報機器　132
情報教育（パソコン）　118-
情報収集　200
シラバス　109
　概念中心のシラバス　142
　活動・体験シラバス　109, 168
　機能中心のシラバス　109, 142, 150
　構文・文型中心のシラバス　150
　タスク〔課題〕中心のシラバス　109, 150
　話題中心のシラバス　109
　場面中心のシラバス　109
　文法シラバス　109

シラバス作成　142
シラバス・デザイン　109
調べ活動〔学習〕　54-
事例研究　200
人的支援策　67
スキット　115-, 148, 199
スキル育成　62
スキル習得　208
Super Englsh Language High School プラン　66
『スーパーえいごリアン』　168-170
　英語活動例　169-170
生活集団　41
積極的な態度の育成　178
絶対評価　57
説明責任（アカウンタビリティ）　112
総合学習　130, 172
　合科的総合学習　114
総合的な学習の時間　4, 11, 20-, 31, 38-, 49-, 50, 53, 55, 57-, 60, 67, 100, 103-, 111-, 116-, 120, 125, 131, 142, 146-, 166, 172-, 178, 194, 198-, 206, 212-, 215
　カリキュラム例（生津小学校）　5
　カリキュラムづくりの例　131
　指導案例（生津小学校）　6-7
総合的表現力の育成　166
相対評価　57

た 行

第1ステージ　5, 66-, 118, 209, 220
第2ステージ　12, 66, 118, 220
第3ステージ　12
大学改革　202
体験的な学習　54
体験的な活動　57
題材〔テーマ〕　114
態度　100
　積極的な態度の育成　178
他教科　130, 166
タスク〔課題〕　109, 144
　タスク（課題）中心シラバス　109, 150
縦の接続〔連結〕　13-, 95
縦横の連携　96
多人数指導　179
　少人数指導　179
誰が教えるのか　177, 194

単語　99, 109-, 116, 147
地域ですすめる子ども外国語学習の推進事業　23, 29-, 37
　平成12年度概算要求　30-31
　事業概要例　32-38
地域における子どもの外国語学習支援事業　112
地域の人々　112, 217
地球人としての基礎　100
TT（協同授業）　57, 98-, 123-, 177, 179, 184, 200
地方自治体　11, 14, 20, 32, 37-, 118-, 182, 209-, 212, 219
（教育の）地方分権　209, 219
地方分権研究会　217
中英研（中学校英語教育研究会）　142
中央教育審議会　20, 39, 54, 75, 173, 202, 211, 219
中学校英語（教育）　59-, 205, 207
中学校英語教員　67, 194
中学校英語との接続　207
中学校英語の前倒し　63, 68
中・高英語教育　105
中・高の英語教員　178
ツイスター・ゲーム　116
テーマ〔題材〕　114
動機づけ　43, 109
　内発的動機づけ　109
導入賛成派　23, 42-, 45
導入反対〔慎重〕派　23, 42-, 45, 62
遠山プラン　202
特定非営利活動法人（NPO）　37, 178, 215, 217
特別活動　20-, 98
特別非常勤講師（制度）　180, 215
トップダウン　104
（教育行政の）トップダウン　173
ドリル　36, 115

な 行

『内外教育』　14, 29, 37, 49, 85
長野県小学生英語指導力検定協議会（NPO）　216
ナショナル・カリキュラム　103
21世紀COEプログラム　44
「21世紀日本の構想」懇談会　23-25

日本外国語教育改善協議会　61
日本教育行政学会　97
『日本経済新聞』　210
日本語　23, 110, 133, 179
日本語（本）ブーム　67
日本児童英語教育学会（JASTEC）　28, 59, 98, 184, 186
日本人英語教師（JTE）　57, 177–, 184
入門期英語教育　60
人間力戦略　64
ネイティブスピーカー　177
年間計画　117
年間時間数　99, 112
年間指導計画　62–
（語学学校の）能力別クラス　179

は　行

配当時間　112, 114
パソコン〔情報教育〕　119
発音　99, 116
発話（力）　99, 154
パブリック・スクール　112
場面　114–
ヒアリングテスト（大学入試での）　29
『BS討論：どうする小学校の英語』　42
人と関わる力　166
評価　57–, 112
　　個人内評価　57
　　絶対評価　57
　　数値の評価　57
　　相対評価　57
文〔構文〕　110–, 116, 147
文型練習　115
（子どもの）変容　57
（児童の）保護者　112, 180
（英語）母語話者　220
（地域の）ボランティア　178, 180

本当の英語　46

ま　行

学びの経験のデザイン　110
マルチメディア（学習）　96, 132
民間人〔地域の人々〕　38, 180, 215
　　民間人の活用　180
　　児童の保護者　112, 180
　　地域のボランティア　178, 180
　　特別非常勤講師　180, 215
目標　114
文字　53, 56, 100
モジュール　154, 159
　　『えいごリアン』のモジュラー・カリキュラム　154–163
モティベーション　43, 65
求められる英語力　64
問題解決的な学習　54
文部科学省　11, 14, 22, 31, 37, 39, 49–, 54, 59–, 64, 68, 84, 97, 103, 131, 177, 181, 193, 211, 215–, 219
文部省　3, 19–

や　行

ゆとり（教育）　20, 22
要請訪問（one shot）　184
横の接続〔連結〕　14–, 95
4技能　105

ら・わ　行

リソース〔教材〕　145, 199
流暢さ　99
臨時教育審議会　19
臨時行政改革推進審議会　19
ロール・プレイ　99
one shot（要請訪問）　184

著者略歴

松川　禮子（まつかわ・れいこ）

長野県出身。東京大学教育学部学校教育学科卒、同大学院教育学研究科博士課程中退。現在、岐阜大学教育学部教授。専門はカリキュラム研究及び英語教育。研究開発学校の運営指導委員として、また文部科学省の教育研究開発企画評価会議協力者として各地の実践事例を見てきた。『小学校英語活動実践の手引』（文科省）作成協力者。NHK学校放送番組『えいごリアン』番組企画委員。日本カリキュラム学会理事、日本教育情報学会評議員、小学校英語教育学会理事。関連著書として『小学校に英語がやってきた！』（アプリコット、1997）、『小学校英語活動を創る』（高陵社書店、2003）などがある。

明日の小学校英語教育を拓く

2004年3月31日　初版発行　　〔定価はカバーに表示してあります〕

著　者　　松　川　禮　子
発行者　　荻　原　弘　子
発行所　　株式会社 アプリコット
〒160-0023 東京都新宿区西新宿 6-12-7
Tel. 03-5323-8850　Fax. 03-5323-8860
E-mail: book@apricot-plaza.co.jp
郵便振替口座 00100-6-130512

編集：K's Counter / 組版：（株）コスモユノー / 印刷・製本：ヱビス印刷工業（株）
© Reiko Matsukawa 2004 / Printed in Japan
（ISBN 4-89991-075-4 C3037）